興味の尽きることのない漢字学習

漢字文化圏の人々だけではなく、
世界中に日本語研究をしている人が数多くいます。
漢字かなまじり文は、独特の形を持ちながら
伝統ある日本文化を支え、
伝達と文化発展の基礎となってきました。
その根幹は漢字。
一字一字を調べていくと、
その奥深さに心打たれ、興味がわいてきます。
漢字は、生涯かけての
勉強の相手となるのではないでしょうか。

「漢検」級別 主な出題内容

10級 …対象漢字数 80字
漢字の読み／漢字の書取／筆順・画数

9級 …対象漢字数 240字
漢字の読み／漢字の書取／筆順・画数

8級 …対象漢字数 440字
漢字の読み／漢字の書取／部首・部首名／筆順・画数／送り仮名／対義語／同じ漢字の読み

7級 …対象漢字数 640字
漢字の読み／漢字の書取／部首・部首名／筆順・画数／送り仮名／対義語／同音異字／三字熟語

6級 …対象漢字数 825字
漢字の読み／漢字の書取／部首・部首名／筆順・画数／送り仮名／対義語・類義語／同音・同訓異字／三字熟語／熟語の構成

5級 …対象漢字数 1006字
漢字の読み／漢字の書取／部首・部首名／筆順・画数／送り仮名／対義語・類義語／同音・同訓異字／誤字訂正／四字熟語／熟語の構成

4級 …対象漢字数 1322字
漢字の読み／漢字の書取／部首・部首名／送り仮名／対義語・類義語／同音・同訓異字／誤字訂正／四字熟語／熟語の構成

3級 …対象漢字数 1607 字
漢字の読み／漢字の書取／部首・部首名／送り仮名／対義語・類義語／同音・同訓異字／誤字訂正／四字熟語／熟語の構成

準2級 …対象漢字数 1940 字
漢字の読み／漢字の書取／部首・部首名／送り仮名／対義語・類義語／同音・同訓異字／誤字訂正／四字熟語／熟語の構成

2級 …対象漢字数 2136 字
漢字の読み／漢字の書取／部首・部首名／送り仮名／対義語・類義語／同音・同訓異字／誤字訂正／四字熟語／熟語の構成

準1級 …対象漢字数 約3000字
漢字の読み／漢字の書取／故事・諺／対義語・類義語／同音・同訓異字／誤字訂正／四字熟語

1級 …対象漢字数 約6000字
漢字の読み／漢字の書取／故事・諺／対義語・類義語／同音・同訓異字／誤字訂正／四字熟語

※ここに示したのは出題分野の一例です。毎回すべての分野から出題されるとは限りません。また、このほかの分野から出題されることもあります。

日本漢字能力検定採点基準（平成24年4月より適用）

1 採点の対象

筆画を正しく、明確に書かれた字を採点の対象とし、くずした字や、乱雑に書かれた字は採点の対象外とする。

2 字種・字体

①2～10級の解答は、内閣告示「常用漢字表」（平成二十二年）による。ただし、旧字体での解答は正答とは認めない。

②1級および準1級の解答は、『漢検要覧 1／準1級対応』（財団法人日本漢字能力検定協会発行）に示す「標準字体」「許容字体」「旧字体一覧表」による。

3 読み

①2～10級の解答は、内閣告示「常用漢字表」（平成二十二年）による。

②1級および準1級の解答には、①の規定は適用しない。

4 仮名遣い

仮名遣いは、内閣告示「現代仮名遣い」による。

5 送り仮名

送り仮名は、内閣告示「送り仮名の付け方」による。

6 部首

部首は、『漢検要覧 2～10級対応』（財団法人日本漢字能力検定協会発行）収録の「部首一覧表と部首別の常用漢字」による。

7 筆順

筆順の原則は、文部省編『筆順指導の手びき』（昭和三十三年）による。常用漢字一字一字の筆順は、『漢検要覧 2～10級対応』収録の「常用漢字の筆順一覧」による。

8 合格基準

級	満点	合格
1級／準1級／2級	二〇〇点	八〇％程度
準2級／3級／4級／5級／6級／7級	二〇〇点	七〇％程度
8級／9級／10級	一五〇点	八〇％程度

※部首、筆順は『漢検 漢字学習ステップ』など財団法人日本漢字能力検定協会発行図書でも参照できます。

日本漢字能力検定審査基準

10級

程度　小学校第1学年の学習漢字を理解し、文や文章の中で使える。

領域・内容

《読むことと書くこと》　小学校学年別漢字配当表の第1学年の学習漢字を読み、書くことができる。

《筆順》　点画の長短、接し方や交わり方、筆順および総画数を理解している。

9級

程度　小学校第2学年までの学習漢字を理解し、文や文章の中で使える。

領域・内容

《読むことと書くこと》　小学校学年別漢字配当表の第2学年までの学習漢字を読み、書くことができる。

《筆順》　点画の長短、接し方や交わり方、筆順および総画数を理解している。

8級

程度　小学校第3学年までの学習漢字を理解し、文や文章の中で使える。

領域・内容

《読むことと書くこと》　小学校学年別漢字配当表の第3学年までの学習漢字を読み、書くことができる。

- 音読みと訓読みとを理解していること
- 送り仮名に注意して正しく書けること（食べる、楽しい、後ろ　など）
- 対義語の大体を理解していること（勝つ—負ける、重い—軽い　など）
- 同音異字を理解していること（反対、体育、期待、太陽　など）

《筆順》　筆順、総画数を正しく理解している。

《部首》　主な部首を理解している。

7級

程度　小学校第4学年までの学習漢字を理解し、文章の中で正しく使える。

領域・内容

《読むことと書くこと》　小学校学年別漢字配当表の第4学年までの学習漢字を読み、書くことができる。

- 音読みと訓読みとを正しく理解していること
- 送り仮名に注意して正しく書けること（等しい、短い、流れる　など）
- 熟語の構成を知っていること
- 対義語の大体を理解していること（入学—卒業、得点—失点　など）
- 同音異字を理解していること（健康、高校、広告、外交　など）

《筆順》　筆順、総画数を正しく理解している。

《部首》　部首を理解している。

6級

程度 小学校第5学年までの学習漢字を理解し、文章の中で漢字が果たしている役割を知り、正しく使える。

領域・内容

《読むことと書くこと》 小学校学年別漢字配当表の第5学年までの学習漢字を読み、書くことができる。

・音読みと訓読みとを正しく理解していること
・送り仮名や仮名遣いに注意して正しく書けること（告げる、失う など）
・熟語の構成を知っていること（上下、絵画、大木、読書、不明 など）
・対義語、類義語の大体を理解していること（禁止―許可、平等―均等 など）
・同音・同訓異字を正しく理解していること

《筆順》 筆順、総画数を正しく理解している。

《部首》 部首を理解している。

5級

程度 小学校第6学年までの学習漢字を理解し、文章の中で漢字が果たしている役割に対する知識を身に付け、漢字を文章の中で適切に使える。

領域・内容

《読むことと書くこと》 小学校学年別漢字配当表の第6学年までの学習漢字を読み、書くことができる。

・音読みと訓読みとを正しく理解していること
・送り仮名や仮名遣いに注意して正しく書けること
・熟語の構成を知っていること
・対義語、類義語を正しく理解していること
・同音・同訓異字を正しく理解していること

《四字熟語》 四字熟語を正しく理解している（有名無実、郷土芸能 など）。

《筆順》 筆順、総画数を正しく理解している。

《部首》 部首を理解し、識別できる。

4級

程度 常用漢字※のうち約1300字を理解し、文章の中で適切に使える。

領域・内容

《読むことと書くこと》 小学校学年別漢字配当表のすべての漢字と、その他の常用漢字約300字の読み書きを習得し、文章の中で適切に使える。

・音読みと訓読みとを正しく理解していること
・送り仮名や仮名遣いに注意して正しく書けること
・熟語の構成を正しく理解していること
・熟字訓、当て字を理解していること（小豆／あずき、土産／みやげ など）
・対義語、類義語、同音・同訓異字を正しく理解していること

《四字熟語》 四字熟語を理解している。

《部首》 部首を識別し、漢字の構成と意味を理解している。

※ 常用漢字とは、平成22年11月30日付内閣告示による「常用漢字表」に示された2136字をいう。

3級

程度 常用漢字※のうち約1600字を理解し、文章の中で適切に使える。

領域・内容

《読むことと書くこと》 小学校学年別漢字配当表のすべての漢字と、その他の常用漢字約600字の読み書きを習得し、文章の中で適切に使える。

・音読みと訓読みとを正しく理解していること
・送り仮名や仮名遣いに注意して正しく書けること
・熟語の構成を正しく理解していること
・熟字訓、当て字を理解していること（乙女／おとめ、風邪／かぜ など）
・対義語、類義語、同音・同訓異字を正しく理解していること

《四字熟語》 四字熟語を理解している。

《部首》 部首を識別し、漢字の構成と意味を理解している。

※ 常用漢字とは、平成22年11月30日付内閣告示による「常用漢字表」に示された2136字をいう。

準2級

程度　常用漢字[※1]のうち1940字[※2]を理解し、文章の中で適切に使える。

領域・内容

《読むことと書くこと》　1940字の漢字の読み書きを習得し、文章の中で適切に使える。

- 音読みと訓読みとを正しく理解していること
- 送り仮名や仮名遣いに注意して正しく書けること
- 熟語の構成を正しく理解していること
- 熟字訓、当て字を理解していること（硫黄／いおう、相撲／すもう　など）
- 対義語、類義語、同音・同訓異字を正しく理解していること

《四字熟語》　典拠のある四字熟語を理解している（驚天動地、孤立無援　など）。

《部首》　部首を識別し、漢字の構成と意味を理解している。

※1　常用漢字とは、平成22年11月30日付内閣告示による「常用漢字表」に示された2136字をいう。

※2　1940字とは、昭和56年10月1日付内閣告示による旧「常用漢字表」の1945字から「勺」「錘」「銑」「脹」「匁」の5字を除いたものを指す。

2級

程度　すべての常用漢字[※]を理解し、文章の中で適切に使える。

領域・内容

《読むことと書くこと》　すべての常用漢字の読み書きに習熟し、文章の中で適切に使える。

- 音読みと訓読みとを正しく理解していること
- 送り仮名や仮名遣いに注意して正しく書けること
- 熟語の構成を正しく理解していること
- 熟字訓、当て字を理解していること（海女／あま、玄人／くろうと　など）
- 対義語、類義語、同音・同訓異字などを正しく理解していること

《四字熟語》　典拠のある四字熟語を理解している（鶏口牛後、呉越同舟　など）。

《部首》　部首を識別し、漢字の構成と意味を理解している。

※　常用漢字とは、平成22年11月30日付内閣告示による「常用漢字表」に示された2136字をいう。

準1級

程度　常用漢字を含めて、約3000字の漢字の音・訓を理解し、文章の中で適切に使える。

領域・内容

《読むことと書くこと》　常用漢字の音・訓を含めて、約3000字の漢字の読み書きに慣れ、文章の中で適切に使える。

- 熟字訓、当て字を理解していること
- 対義語、類義語、同音・同訓異字などを理解していること
- 国字を理解していること（峠、凧、畠　など）
- 複数の漢字表記について理解していること（國—国、交叉—交差　など）

《四字熟語・故事・諺》　典拠のある四字熟語、故事成語・諺を正しく理解している。

《古典的文章》　古典的文章の中での漢字・漢語を理解している。

※　約3000字の漢字は、JIS第一水準を目安とする。

1級

程度　常用漢字を含めて、約6000字の漢字の音・訓を理解し、文章の中で適切に使える。

領域・内容

《読むことと書くこと》　常用漢字の音・訓を含めて、約6000字の漢字の読み書きに慣れ、文章の中で適切に使える。

- 熟字訓、当て字を理解していること
- 対義語、類義語、同音・同訓異字などを理解していること
- 国字を理解していること（怺える、毟る　など）
- 地名・国名などの漢字表記（当て字の一種）を知っていること
- 複数の漢字表記について理解していること（鹽—塩、颱風—台風　など）

《四字熟語・故事・諺》　典拠のある四字熟語、故事成語・諺を正しく理解している。

《古典的文章》　古典的文章の中での漢字・漢語を理解している。

※　約6000字の漢字は、JIS第一・第二水準を目安とする。

個人受検の申し込みについて　申し込みから合否の通知まで

1 受検級を決める

受検資格　制限はありません
実 施 級　1、準1、2、準2、3、4、5、6、7、8、9、10級
検定会場　全国主要都市約180か所に設置
（実施地区は検定の回ごとに決定）

2 検定に申し込む

●インターネットで申し込む
ホームページ http://www.kanken.or.jp/ から申し込む
（クレジットカード決済、コンビニ決済等が可能です）。

●携帯電話で申し込む
携帯電話から http://www.kanken.or.jp/ にアクセスし申し込む（コンビニ決済が可能です）。
バーコード読取機能付き携帯電話でも簡単にアクセスできます。

●コンビニエンスストアで申し込む
・ローソン「Loppi」
・セブン-イレブン「マルチコピー」
・ファミリーマート「Fami ポート」
・サークルKサンクス「カルワザステーション」
検定料は各店舗のカウンターで支払う。

●取扱書店（大学生協含む）を利用する
取扱書店（大学生協含む）で検定料を支払い、願書と書店払込証書を郵送する。

●協会、または取扱新聞社などへ申し込む
願書、検定料（現金）を直接持参、または現金書留で送付する。

注意

①家族・友人と同じ会場での受検を希望する方は、願書を利用する申込方法をお選びいただき、1つの封筒に同封して送付してください。同封されない場合には、受検会場が異なることがあります（インターネット、携帯電話、コンビニエンスストアでの申し込みの場合は同一会場の指定はできませんのでご了承ください）。
②車いすで受検される方や、体の不自由な方はお申し込みの際に協会までご相談ください。
③申し込み後の変更・取り消し・返金はできません。また、次回への延期もできませんのでご注意ください。

3 受検票が届く

受検票は検定日の約1週間前に到着するよう協会より郵送します。
※検定日の3日前になっても届かない場合は協会へお問い合わせください。

お問い合わせ窓口

電話番号　**0120-509-315**（無料）
（海外からはご使用になれません。ホームページよりメールでお問い合わせください。）

お問い合わせ時間　月〜金　9時00分〜17時00分
（祝日・年末年始を除く）
※検定日とその前日の土、日は開設
※検定日と申込締切日は9時00分〜18時00分

4 検定日当日

検定時間

2級：10時00分～11時00分（60分間）
準2級：11時50分～12時50分（60分間）
8・9・10級：11時50分～12時30分（40分間）
1・3・5・7級：13時40分～14時40分（60分間）
準1・4・6級：15時30分～16時30分（60分間）

持ち物

受検票、鉛筆（HB、B、シャープペンシルも可）、消しゴム
※ボールペン、万年筆などの使用は認められません。ルーペ持ち込み可。

注意

①会場への車での来場（送迎を含む）は、周辺の迷惑になりますのでご遠慮ください。
②検定開始15分前までに入場してください。答案用紙の記入方法などを説明します。
③携帯電話やゲーム、電子辞書などは、電源を切り、かばんにしまってから入場してください。
④検定中は受検票を机の上に置いてください。
⑤答案用紙には、あらかじめ名前や受検番号などが印字されています。
⑥お申し込みされた皆様に、後日、検定問題と標準解答をお送りします。

5 合否の通知

検定日の約40日後に、受検者全員に「検定結果通知」を郵送します。合格者には「合格証書」・「合格証明書」を同封します。
受検票は検定結果が届くまで大切に保管してください。

注目

進学・就職に有利！
合格者全員に合格証明書発行

大学・短大の推薦入試の提出書類に、また就職の際の履歴書に添付してあなたの漢字能力をアピールしてください。合格者全員に、合格証書と共に合格証明書を2枚、無料でお届けいたします。

合格証明書が追加で必要な場合は

次の❶～❹を同封して、協会までお送りください。約1週間後、お手元にお届けします。

❶氏名・住所・電話番号・生年月日、および受検年月日・受検級・認証番号（合格証書の左上部に記載）を明記したもの
❷本人確認資料（在学証明書、運転免許証、住民票などのコピー）
❸住所・氏名を表に明記し80円切手を貼《は》った返信用封筒
❹証明書1枚につき発行手数料５００円（切手可）

団体受検の申し込み

学校や企業などで志願者が一定以上まとまると、団体申込ができ、自分の学校や企業内で受検できる制度もあります。団体申込を扱っているかどうかは先生や人事関係の担当者に確認してください。

「漢検」受検の際の注意点

【字の書き方】

問題の答えは楷書で大きくはっきり書きなさい。乱雑な字や続け字、また、行書体や草書体のようにくずした字は採点の対象とはしません。

特に漢字の書き取り問題では、答えの文字は教科書体をもとにして、はねるところ、とめるところなどもはっきり書きましょう。また、画数に注意して、一画一画を正しく、明確に書きなさい。

《例》

○熱　×熱

○言　×言

○糸　×糸

【字種・字体について】

(1)日本漢字能力検定2～10級においては、「常用漢字表」に示された字種で書きなさい。つまり、表外漢字（常用漢字表にない漢字）を用いると、正答とは認められません。

《例》

○交差点　×交叉点　（「叉」が表外漢字）

○寂しい　×淋しい　（「淋」が表外漢字）

(2)日本漢字能力検定2～10級においては、「常用漢字表」に示された字体で書きなさい。なお、「常用漢字表」に参考として示されている康熙《こうき》字典体など、旧字体と呼ばれているものを用いると、正答とは認められません。

《例》

○真　×眞

○渉　×涉

○飲　×飮

○迫　×迫

○弱　×弱

(3)一部例外として、平成22年告示「常用漢字表」で追加された字種で、許容字体として認められているものや、その筆写文字と印刷文字との差が習慣の相違に基づくとみなせるものは正答と認めます。

《例》

餌→餌　と書いても可

遜→遜　と書いても可

葛→葛　と書いても可

溺→溺　と書いても可

箸→箸　と書いても可

注意

(3)において、どの漢字が当てはまるかなど、一字一字については、当協会発行図書（2級対応のもの）掲載の漢字表で確認してください。

漢検

財団法人 日本漢字能力検定協会

改訂三版

漢検 漢字学習 ステップ 3級

漢検 財団法人 日本漢字能力検定協会

もくじ

本書の使い方

「日本漢字能力検定（漢検）３級」では、中学校で学習する漢字一一三〇字のうち、二八五字を中心として、読み・書き、使い方などが出題の対象となります。本書では、その二八五字を、**漢字表・練習問題**からなる35ステップに分けて、広く学習していきます。

また、数ステップごとに設けた**力だめし**では、復習と確認が行えます。巻末の**総まとめ**は審査《しんさ》基準に即した出題形式となっており、模擬《もぎ》試験としてご利用いただけます。

＊漢字表・練習問題などのそれぞれの使い方は次のページをご参照ください。

さらに付録として、「級別漢字表」や「常用漢字表　付表」などの資料を掲載《けいさい》しました。

「漢検」の主な出題内容は「日本漢字能力検定審査基準」「日本漢字能力検定採点基準」（いずれも本書巻頭カラーページに掲載）等で確認してください。

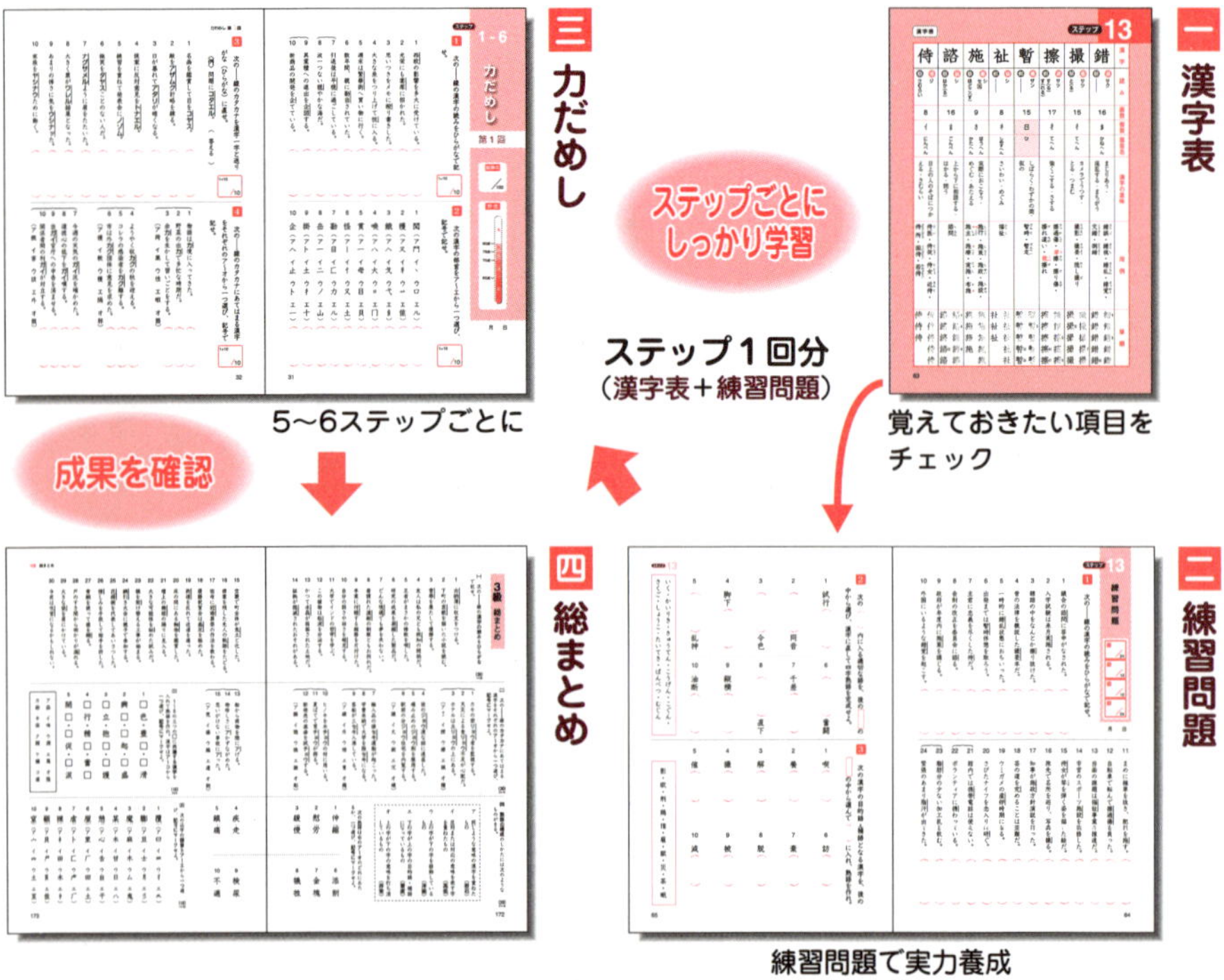

一 漢字表

各ステップで学習する漢字の数は8〜9字です。漢字表には、それぞれの漢字について覚えておきたい項目が整理されています。漢字表の内容を確認してから、練習問題に進んでください。

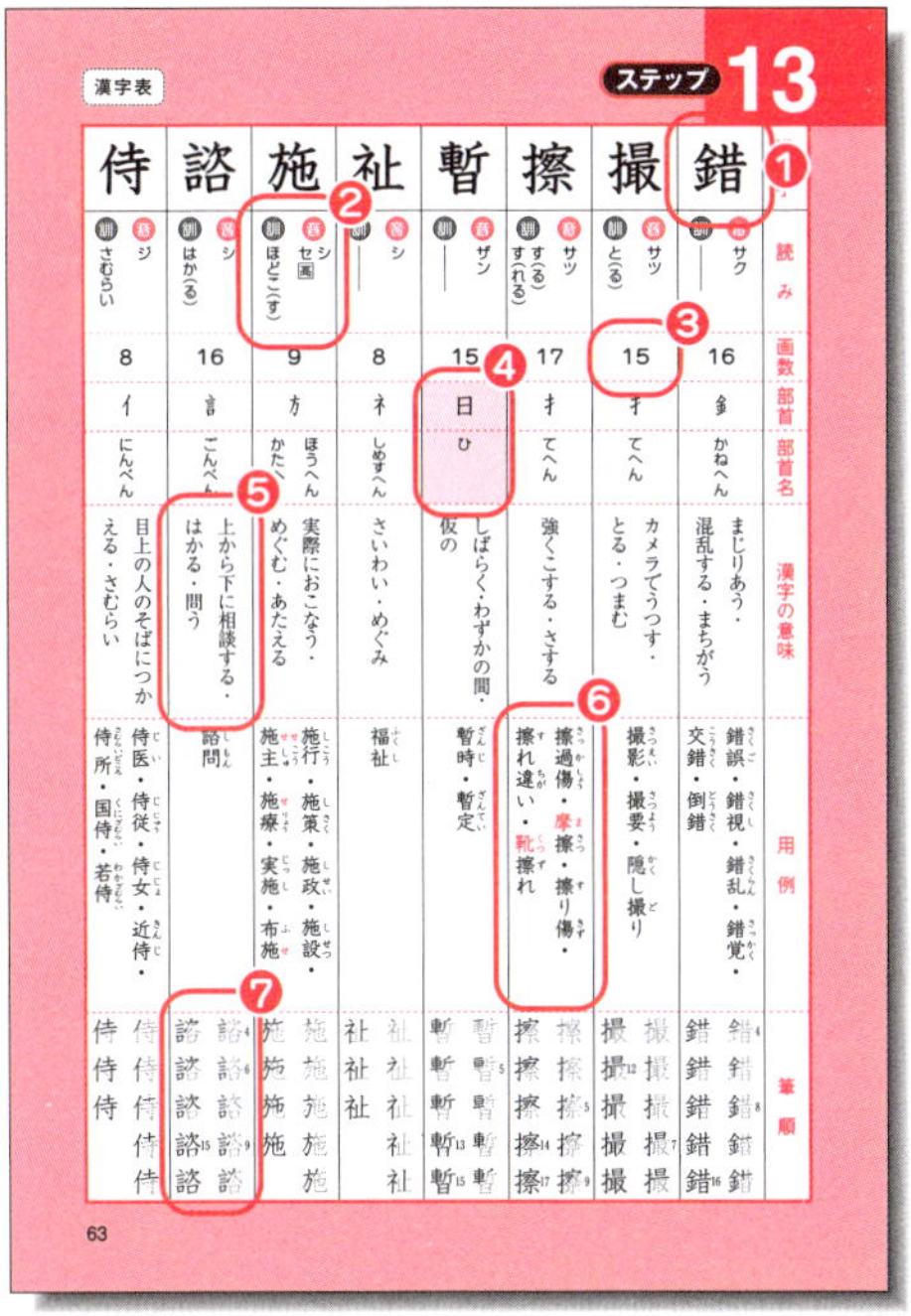
漢字表　ステップ 13

学習漢字	読み	画数	部首	部首名	漢字の意味	用例
錯	音 サク / 訓 —	16	金	かねへん	まじりあう・混乱する・まちがう	錯誤《さくご》・錯視《さくし》・錯乱《さくらん》・錯覚《さっかく》・交錯《こうさく》・倒錯《とうさく》
撮	音 サツ / 訓 と(る)	15	扌	てへん	カメラでうつす・とる・つまむ	撮影《さつえい》・撮要《さつよう》・隠《かく》し撮《ど》り
擦	音 サツ / 訓 す(る)・す(れる)	17	扌	てへん	強くこする・さする	擦過傷《さっかしょう》・摩《ま》擦《さつ》・擦《す》り傷《きず》・擦《す》れ違《ちが》い・靴《くつ》擦《ず》れ
暫	音 ザン / 訓 —	15	日	ひ	しばらく・わずかの間・仮の	暫時《ざんじ》・暫定《ざんてい》
祉	音 シ / 訓 —	8	礻	しめすへん	さいわい・めぐみ	福祉《ふくし》
施	音 シ・セ 高 / 訓 ほどこ(す)	9	方	ほうへん かたへん	実際におこなう・めぐむ・あたえる	施行《しこう・せこう》・施策《しさく》・施政《しせい》・施設《しせつ》・施主《せしゅ》・施療《せりょう》・実施《じっし》・布施《ふせ》
諮	音 シ / 訓 はか(る)	16	言	ごんべん	上から下に相談する・はかる・問う	諮問《しもん》
侍	音 ジ / 訓 さむらい	8	亻	にんべん	目上の人のそばにつかえる・さむらい	侍医《じい》・侍従《じじゅう》・侍女《じじょ》・近侍《きんじ》・侍所《さむらいどころ》・国侍《くにざむらい》・若侍《わかざむらい》

63

❶ 学習漢字

ここで学習する漢字を教科書体で記してあります。この字形を参考にして略さずていねいに書くよう心がけましょう。

❷ 読み

音読みはカタカナで、訓読みはひらがなで記載してあります。高は高校で学習する読みで、準2級以上で出題対象になります。

❸ 画数

総画数を示してあります。

❹ 部首・部首名

「漢検」で採用している部首・部首名です。注意したいものには、色をつけてあります(筆順も同様)。

❺ 意味

学習漢字の基本的な意味です。漢字の意味を把握《はあく》することは、用例の意味や同音・同訓異字の学習、熟語の構成を学ぶうえで重要です。

❻ 用例

学習漢字を用いた熟語を中心に用例を挙げました。準2級以上の漢字や高校で学習する読みは赤字で示してあります。

❼ 筆順

筆順は10の場面を示しています。途中を省略した場合はその場面の横に現在何画目なのかを表示しました。

二 練習問題

各ステップの問題は、読み・書き取り問題を中心にさまざまな問題で構成されています。得点記入欄に記録して繰り返し学習してください。

1 読み問題……各ステップの学習漢字を中心に、音読み・訓読み・特別な読み（熟字訓・当て字）を適宜《てきぎ》配分してあります。

4 書き取り問題…同音・同訓異字を含め、用例を幅広く扱っています。

その他、さまざまな角度から学習できるようになっています。

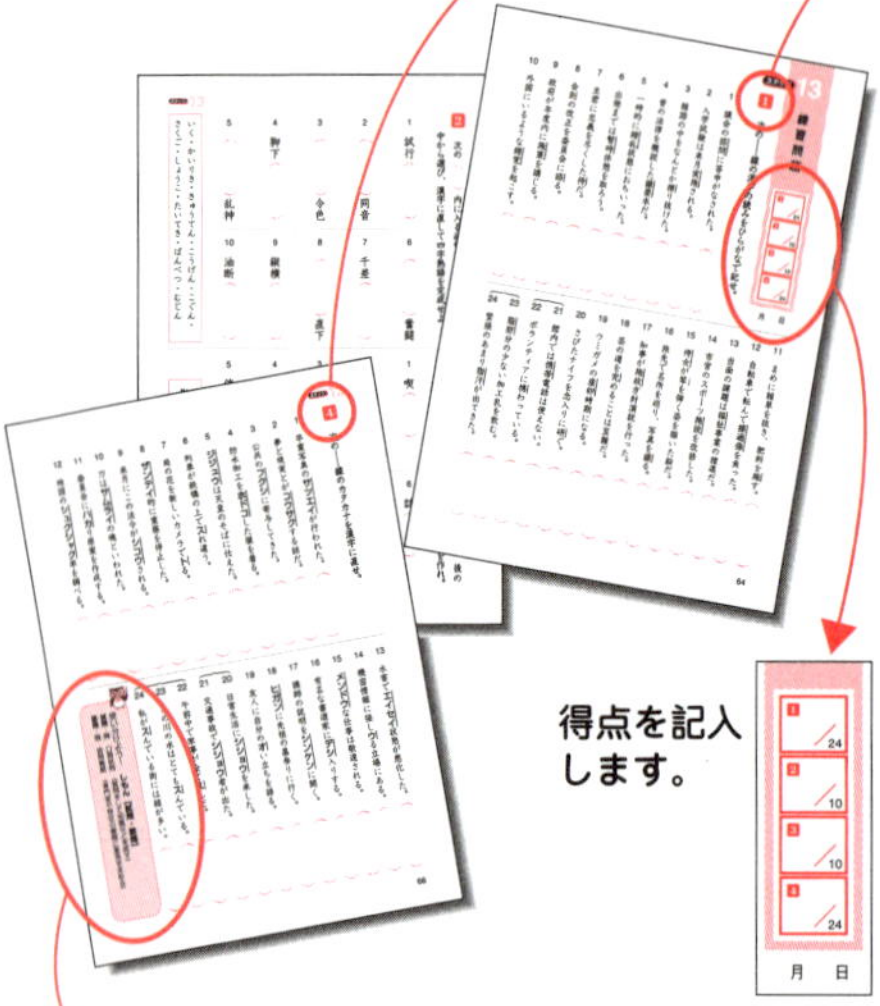

得点を記入します。

コラム
漢字の使い分け、四字熟語の意味など、漢字全般のことがらを平易に記してあります。

三 力だめし

5～6ステップごとに設けてあります。一〇〇点満点で、自己評価ができますので、小テストとして取り組んでください。

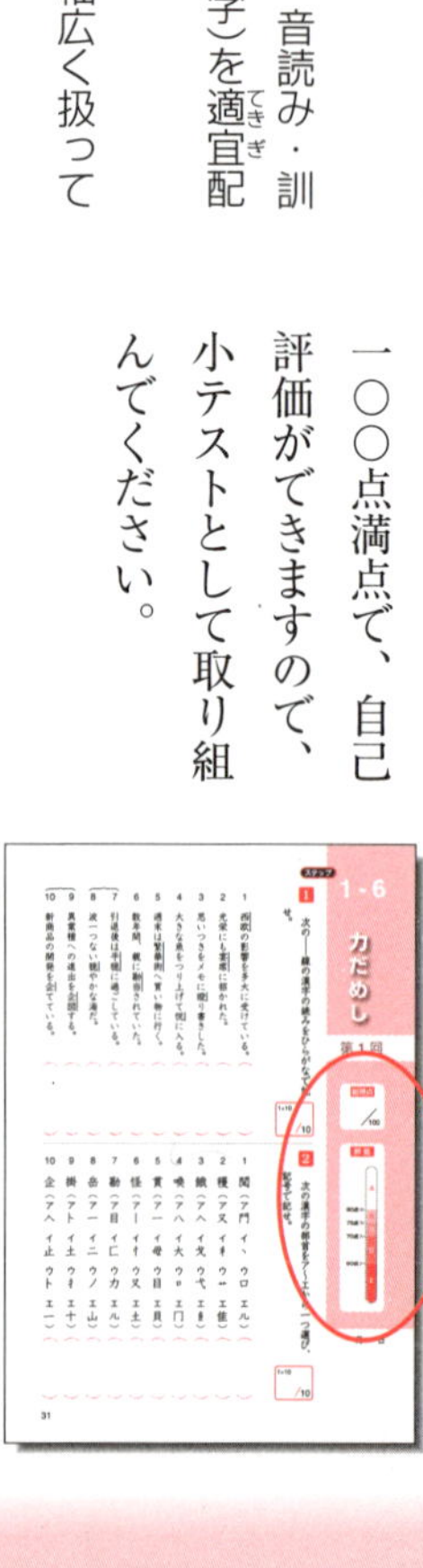

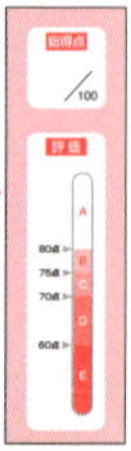

自己評価ができます。

四 総まとめ

学習がひととおり終わったら、実力の確認にお使いください。

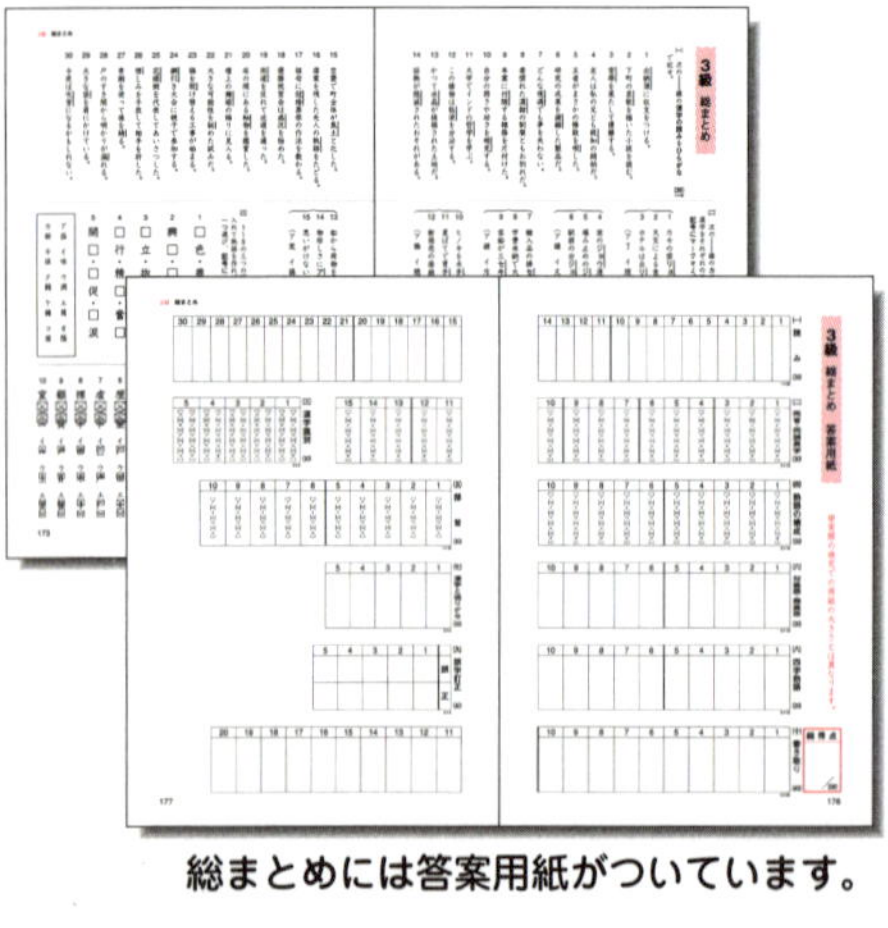

総まとめには答案用紙がついています。

漢字表

ステップ 1

漢字	読み	画数	部首	部首名	漢字の意味	用例	筆順
哀	音 アイ 訓 あわ(れ) あわ(れむ)	9	口	くち	かわいそうに思う・かなしい・あわれむ	哀歓《あいかん》・哀願《あいがん》・哀愁《あいしゅう》・哀惜《あいせき》・哀切《あいせつ》・哀調《あいちょう》・哀楽《あいらく》・悲哀《ひあい》	哀 哀 哀 哀 哀 哀 哀 哀 哀
慰	音 イ 訓 なぐさ(める) なぐさ(む)	15	心	こころ	いたわる・なぐさめる	慰安《いあん》・慰問《いもん》・慰留《いりゅう》・慰霊《いれい》・慰労《いろう》・手慰《てなぐさ》み	慰 慰 慰 慰5 慰 慰8 慰 慰11 慰13 慰15
詠	音 エイ 訓 よ(む)［高］	12	言	ごんべん	詩歌《しいか》をよむ・うたう・詩歌を作る	詠草《えいそう》・詠嘆《えいたん》・吟詠《ぎんえい》・題詠《だいえい》・朗詠《ろうえい》	詠2 詠4 詠 詠 詠 詠 詠 詠 詠 詠
悦	音 エツ 訓 —	10	忄	りっしんべん	よろこぶ・たのしむ・したう	悦楽《えつらく》・喜悦《きえつ》・恐悦《きょうえつ》・満悦《まんえつ》・愉《ゆ》悦《えつ》・悦《えつ》に入《い》る	悦 悦 悦 悦 悦 悦 悦 悦 悦 悦
閲	音 エツ 訓 —	15	門	もんがまえ	注意深く調べる・年月がたつ	閲読《えつどく》・閲兵《えっぺい》・閲覧《えつらん》・閲歴《えつれき》・検閲《けんえつ》・校閲《こうえつ》	閲 閲 閲4 閲 閲 閲8 閲10 閲13 閲 閲
炎	音 エン 訓 ほのお	8	火	ひ	燃える・熱気が激しい・熱や痛みのある病気	炎夏《えんか》・炎上《えんじょう》・炎天《えんてん》・胃炎《いえん》・火炎《かえん》・気炎《きえん》・消炎《しょうえん》・肺炎《はいえん》	炎 炎 炎 炎 炎 炎 炎 炎
宴	音 エン 訓 —	10	宀	うかんむり	さかもり・たのしみ・くつろぐ	宴会《えんかい》・宴席《えんせき》・酒宴《しゅえん》・祝宴《しゅくえん》・披《ひ》露宴《ろうえん》	宴 宴 宴 宴 宴 宴 宴 宴 宴 宴
欧	音 オウ 訓 —	8	欠	あくび かける	ヨーロッパ	欧州《おうしゅう》・欧文《おうぶん》・欧米《おうべい》・西欧《せいおう》・渡欧《とおう》・東欧《とうおう》・訪欧《ほうおう》・北欧《ほくおう》	欧 欧 欧 欧 欧 欧 欧 欧

ステップ 1

練習問題

1	2	3	4
/24	/10	/10	/24

月　日

1 次の――線の漢字の読みをひらがなで記せ。

1 引退を表明したが慰留された。（　　）
2 草笛の哀切な音色が胸にしみる。（　　）
3 専門家の校閲を経て印刷する。（　　）
4 親とはぐれた子犬を哀れに思う。（　　）
5 お越しいただき恐悦の至りです。（　　）
6 若者の気炎に押されてしまった。（　　）
7 近いうちに渡欧する予定だ。（　　）
8 手慰みに編み物をしている。（　　）
9 絶景に詠嘆の声をもらす。（　　）
10 聖火台に炎をともした。（　　）
11 開業十周年の記念に祝宴を催《もよお》す。（　　）
12 月末に社員の慰労会を計画する。（　　）
13 炎天下で野球の試合が行われた。（　　）
14 来月から友人が欧州に留学する。（　　）
15 かつて出版物は検閲を受けた。（　　）
16 両親は笑顔で兄の門出を祝った。（　　）
17 五月晴れの空を見上げる。（　　）
18 父と息子で一週間の旅行をした。（　　）
19 溶液の濃度を測定した。（　　）
20 砂糖が水に溶け始めた。（　　）
21 一人で教科書を黙読する。（　　）
22 注意事項を黙って聞く。（　　）
23 彼の勇気ある行動に脱帽した。（　　）
24 君のためにひとはだ脱ごう。（　　）

2 次の漢字の部首をア～エから一つ選び、記号で記せ。

1 慰（ア尸 イ示 ウ寸 エ心）（　　）
2 載（ア弋 イ戈 ウ車 エ土）（　　）
3 憲（ア宀 イ王 ウ罒 エ心）（　　）
4 夏（ア一 イ夂 ウ目 エ自）（　　）
5 哀（ア丶 イ亠 ウ口 エ衣）（　　）
6 乳（アノ イ爫 ウ子 エし）（　　）
7 墓（ア艹 イ土 ウ日 エ大）（　　）
8 髪（ア長 イ髟 ウ彡 エ又）（　　）
9 顔（ア立 イ彡 ウ貝 エ頁）（　　）
10 宴（ア宀 イ冖 ウ日 エ女）（　　）

3 次の漢字と反対または対応する意味を表す漢字を、後の[　]の中から選んで（　）に入れ、熟語を作れ。

1 浮（　　）
2 （　　）満
3 栄（　　）
4 因（　　）
5 （　　）歓
6 優（　　）
7 （　　）陽
8 遠（　　）
9 （　　）合
10 （　　）減

[哀・陰・加・果・干・近・枯・沈・離・劣]

4 次の――線のカタカナを漢字に直せ。

1 首相は**オウベイ**各国を歴訪中だ。

2 患部《かんぶ》に**ショウエン**剤を塗《ぬ》る。

3 彼女は**アワ**れみ深くて涙もろい。

4 失恋した友人を**ナグサ**めた。

5 漢詩の**ロウエイ**に聞き入る。

6 資料室で図書を**エツラン**する。

7 ろうそくの**ホノオ**がゆらめく。

8 **イアン**旅行で温泉に行った。

9 戦に敗れ亡国の**ヒアイ**を味わう。

10 手厚いもてなしにご**マンエツ**だ。

11 料理店で**エンカイ**が開かれた。

12 **アンイ**に結論を下すのは危険だ。

13 **ルイジ**した商品が出回っている。

14 **リンジョウ**感あふれる写真だ。

15 **イクタ**の困難を乗り越えた。

16 毎朝**フッキン**をきたえている。

17 机を窓ぎわに**イドウ**させる。

18 人事**イドウ**が発表された。

19 客の問い合わせに**カイトウ**する。

20 試験問題の**カイトウ**が示された。

21 人々の意表を**ツ**く発言だった。

22 転職して新しい仕事に**ツ**く。

23 ストーブで室内を**アタタ**める。

24 冷めたスープを**アタタ**める。

「言」と「言」は違う?

検定では、教科書体（言）を手本にして書くことが基本ですが、書体によって字形に相違が見られるものがあります。「言・言・言」「令・令」などは、デザインの違いであって、字体の違いとは見なしません。検定ではいずれも正解になります。

漢字	読み	画数	部首	部首名	漢字の意味	用例	筆順
殴	音 オウ [高] 訓 なぐ(る)	8	殳	るまた ほこづくり	なぐる・たたく	殴打《おうだ》・殴《なぐ》り合《あ》い・殴《なぐ》り書《が》き・ 横殴《よこなぐ》り	
乙	音 オツ 訓 —	1	乙	おつ	十干《じっかん》の第二・甲《こう》の次・ 少しかわっている	乙種《おつしゅ》・甲乙《こうおつ》・乙女《おとめ》・乙《おつ》な味《あじ》・ 乙《おつ》に澄《す》ます	
卸	音 — 訓 おろ(す) おろし	9	卩	わりふ ふしづくり	おろす・問屋から小売 商人に売りわたす	卸商《おろししょう》・卸問屋《おろしどんや》・卸値《おろしね》・ たな卸《おろ》し・品物《しなもの》を卸《おろ》す	
穏	音 オン 訓 おだ(やか)	16	禾	のぎへん	やすらか・おだやか・ はげしくない	穏健《おんけん》・穏当《おんとう》・穏便《おんびん》・穏和《おんわ》・ 安穏《あんのん》《あんおん》・不穏《ふおん》・平穏《へいおん》	2 9 16
佳	音 カ 訓 —	8	亻	にんべん	すぐれている・美しい・ めでたい	佳境《かきょう》・佳作《かさく》・佳日《かじつ》・佳人《かじん》・ 絶佳《ぜっか》	
架	音 カ 訓 か(ける) か(かる)	9	木	き	ものをのせる台やたな・ 空中にかけわたす	架橋《かきょう》・架空《かくう》・架設《かせつ》・画架《がか》・ 高架《こうか》・十字架《じゅうじか》・書架《しょか》・担架《たんか》	
華	音 カ ケ [高] 訓 はな	10	艹	くさかんむり	はな・はなやか・ 中国のこと	華道《かどう》・華美《かび》・華麗《かれい》・栄華《えいが》・ 豪華《ごうか》・繁華《はんか》・香華《こうげ》《こうばな》・散華《さんげ》	
嫁	音 カ [高] 訓 よめ とつ(ぐ)	13	女	おんなへん	とつぐ・ 他になすりつける	再嫁《さいか》・転嫁《てんか》・嫁入《よめい》り・ 嫁《とつ》ぎ先《さき》・兄嫁《あによめ》・花嫁《はなよめ》	6 11
餓	音 ガ 訓 —	15	食	しょくへん	うえる・ひもじい思い	餓鬼《がき》・餓死《がし》・飢《き》餓《が》	4 6 10

ステップ 2

練習問題

1 /24
2 /10
3 /10
4 /24

月　日

1 次の——線の漢字の読みをひらがなで記せ。

1 両作品は甲《こう》乙つけがたい出来だ。
2 結局、穏当な意見に落ち着いた。
3 問屋が小売店に品物を卸す。
4 作業が佳境に差しかかる。
5 鉄道の高架下を有効に利用する。
6 華麗なドレスを身にまとう。
7 彼は穏健な思想の持ち主だ。
8 餓鬼のようにがつがつ食べる。
9 娘が嫁いで三年が過ぎた。
10 けが人を担架で救急車へ運んだ。
11 風光絶佳の地を家族で訪れた。
12 空に大きなにじの橋が架かる。
13 女性の華やいだ声が聞こえた。
14 花嫁の美しさにため息が出た。
15 衣料品を卸値で買う。
16 今日は穏やかな小春日和だ。
17 朝から横殴りの雨が降っている。
18 船は大海原に乗り出した。
19 スランプで苦悩の日々が続いた。
20 父に悩みを打ち明けた。
21 気迫のこもった演説だった。
22 早急な解決を迫られる問題だ。
23 隣人との交流を深める。
24 隣の席の人に声をかける。

2 次の（　）内に入る適切な語を、後の□の中から選び、四字熟語を完成せよ。

1 才色（　）

2 （　）無事

3 平身（　）

4 （　）万化

5 （　）異曲

6 意気（　）

7 危機（　）

8 花鳥（　）

9 （　）石火

10 （　）分別

一髪・兼備・消沈・思慮・千変・
低頭・電光・同工・風月・平穏

3 次の各文にまちがって使われている同じ読みの漢字が一字ある。上に誤字を、下に正しい漢字を記せ。

		誤	正
1	有権者に投評を呼びかける。	（　）	（　）
2	校長先生が卒業賞書を授ける。	（　）	（　）
3	街灯で署名運動を行う。	（　）	（　）
4	会場は不温な空気に包まれた。	（　）	（　）
5	期末試験で実力を発起する。	（　）	（　）
6	綿密な点検で安全を確任する。	（　）	（　）
7	世界各国の切手を衆集する。	（　）	（　）
8	同想会で恩師と再会した。	（　）	（　）
9	決気盛んな青年たちが集まる。	（　）	（　）
10	仮空の人物を主人公にする。	（　）	（　）

4 次の——線のカタカナを漢字に直せ。

1 **ゴウカ**なホテルに一泊する。（　）
2 **ナグ**られても抵抗しなかった。（　）
3 父は**オツ**な味だと喜んで食べた。（　）
4 争いを**オンビン**に解決する。（　）
5 電線の**カ**け替え工事が行われた。（　）
6 姉は**ヨメ**入り支度で忙しい。（　）
7 昔は冷害で**ガシ**者が多く出た。（　）
8 彼は**オダ**やかに話を始めた。（　）
9 たな**オロ**しのため店を休業する。（　）
10 墓地に**ジュウジカ**が並んでいる。（　）
11 新人の小説が**カサク**に選ばれる。（　）
12 友人は郷里の旧家に**トツ**いだ。（　）
13 **オソザ**きの桜が見ごろを迎えた。（　）
14 果物を洗って**ウツワ**に盛った。（　）
15 母校の**エンカク**を調べる。（　）
16 前後から**コオウ**して攻める。（　）
17 今日は朝から頭がひどく**イタ**む。（　）
18 **ケンジツ**な管理体制が敷かれる。（　）
19 試合は意外な**テンカイ**になった。（　）
20 船の向きを**テンカイ**させた。（　）
21 新たな問題が**テイキ**される。（　）
22 **テイキ**的に機器類を点検する。（　）
23 運動会に**ソナ**えて練習を重ねる。（　）
24 道端の地蔵に花を**ソナ**える。（　）

とめ・はねにご用心

書き取り問題では「とめ・はね」に気をつけ、楷書《かいしょ》ではっきりと丁《てい》寧《ねい》に書いてください。くずした字や乱雑な字は採点の対象となりません。字形や筆順を正しく覚えることが大切です。

漢字	読み	画数	部首	部首名	漢字の意味	用例
怪	音 カイ 訓 あや(しい) あや(しむ)	8	忄	りっしんべん	おかしいと思う・ふしぎに思う・普通でない	怪奇《かいき》・怪死《かいし》・怪獣《かいじゅう》・怪談《かいだん》・怪盗《かいとう》・怪物《かいぶつ》・怪力《かいりき》《かいりょく》・奇怪《きかい》
悔	音 カイ 訓 く(いる) く(やむ) くや(しい)	9	忄	りっしんべん	残念に思う・くやむ・人の死をとむらう	悔悟《かいご》・悔恨《かいこん》・後悔《こうかい》・悔《く》やみ状《じょう》
塊	音 カイ 訓 かたまり	13	土	つちへん	つちくれ・かたまり	塊根《かいこん》・塊状《かいじょう》・金塊《きんかい》・山塊《さんかい》・団塊《だんかい》・土塊《どかい》・肉塊《にくかい》
慨	音 ガイ 訓 ――	13	忄	りっしんべん	いきどおる・なげく・かなしみいたむ	慨然《がいぜん》・慨嘆《がいたん》・感慨《かんがい》・憤慨《ふんがい》
該	音 ガイ 訓 ――	13	言	ごんべん	かねそなえる・あてはまる	該当《がいとう》・該博《がいはく》・当該《とうがい》
概	音 ガイ 訓 ――	14	木	きへん	おおよそ・あらまし・おもむき・平らにする	概観《がいかん》・概況《がいきょう》・概算《がいさん》・概念《がいねん》・概要《がいよう》・概略《がいりゃく》・気概《きがい》・大概《たいがい》
郭	音 カク 訓 ――	11	阝	おおざと	かこい・ものの外まわり・広々とした様子	郭外《かくがい》・郭内《かくない》・外郭《がいかく》・胸郭《きょうかく》・城郭《じょうかく》・輪郭《りんかく》
隔	音 カク 訓 へだ(てる) へだ(たる)	13	阝	こざとへん	はなれる・へだたり・へだてる	隔月《かくげつ》・隔世《かくせい》・隔絶《かくぜつ》・隔年《かくねん》・隔膜《かくまく》・隔離《かくり》・遠隔《えんかく》・間隔《かんかく》

筆順

ステップ 3

練習問題

1	/24
2	/6
3	/10
4	/24

月　日

1 次の――線の漢字の読みをひらがなで記せ。

1 各地で怪奇な現象が報告された。

2 家の庭にダリアの塊根を植える。

3 講義の概要をノートにまとめた。

4 隔年で祭礼が執り行われる。

5 作者の該博な知識に圧倒される。

6 悔恨《こん》の念にさいなまれる。

7 まるで欲の塊のような人だ。

8 最後までやり通す気概が大切だ。

9 だれとでも分け隔てなく接する。

10 悔しい思いをばねに特訓した。

11 彼の話が事実かどうか怪しむ。

12 思わぬ再会に感慨もひとしおだ。

13 城の外郭だけが残っている。

14 世間から隔絶した場所で暮らす。

15 事後の対応の遅れが悔やまれる。

16 恐竜《きょうりゅう》を模した怪獣の映画を見た。

17 必要経費を概算してみる。

18 波止場に立つと風が快かった。

19 紅葉した山を背景に写真をとる。

20 明らかに規則に背く行為だ。

21 古代の穴居生活の跡がある。

22 子どもが障子に穴をあけた。

23 銀の採掘現場を訪れる。

24 くわで畑を掘り返した。

2 次の〔 〕から類義語の関係になる組み合わせを一組選び、記号で記せ。

1 〔ア 経歴　イ 歴然　ウ 明白　エ 解明〕（　と　）

2 〔ア 概略　イ 大要　ウ 必要　エ 計略〕（　と　）

3 〔ア 該当　イ 該博　ウ 適合　エ 適度〕（　と　）

4 〔ア 朗詠　イ 悲嘆　ウ 詠嘆　エ 感動〕（　と　）

5 〔ア 通説　イ 普通　ウ 異常　エ 尋常〕（　と　）

6 〔ア 険悪　イ 冒険　ウ 穏和　エ 不穏〕（　と　）

3 次の漢字の部首をア～エから一つ選び、記号で記せ。

1 郭（ア 亠　イ 口　ウ 子　エ 阝）（　）

2 塊（ア 土　イ 厶　ウ 儿　エ 鬼）（　）

3 街（ア 彳　イ 土　ウ 行　エ 亅）（　）

4 架（ア 力　イ 口　ウ 木　エ 十）（　）

5 華（ア 一　イ 艹　ウ 二　エ 十）（　）

6 概（ア 木　イ 艮　ウ 儿　エ 旡）（　）

7 殴（ア 匚　イ 几　ウ 殳　エ 又）（　）

8 窓（ア 宀　イ 穴　ウ 厶　エ 心）（　）

9 厚（ア 厂　イ 日　ウ 口　エ 子）（　）

10 卸（ア 缶　イ 卩　ウ 止　エ 𤴔）（　）

4 次の——線のカタカナを漢字に直せ。

1 バスは五分**カンカク**で運行中だ。
2 **コウカイ**先に立たず
3 雲行きが**アヤ**しくなってきた。
4 地中から**キンカイ**が発見された。
5 今となっては非を**ク**いるだけだ。
6 弟は顔の**リンカク**が父親似だ。
7 文学という**ガイネン**から外れる。
8 若者の体力不足を**ガイタン**する。
9 **カイトウ**から犯行予告があった。
10 条件に**ガイトウ**する人を集める。
11 年齢の**ヘダ**たりを感じさせない。
12 試合に負けて**クヤ**しかった。
13 **ガリュウ**で花を生けて飾った。
14 **シュン**の野菜は栄養価が高い。
15 **コヨミ**の上では明日から春だ。
16 非常時の**タイショ**法を学んだ。
17 先方の言い分を**サカテ**に取った。
18 問題点を皆で**ケントウ**する。
19 地元チームの**ケントウ**を祈る。
20 **イギ**のある仕事に従事する。
21 友人の主張に**イギ**を唱える。
22 博士は多数の書物を**アラワ**した。
23 敬意を**アラワ**して深く礼をした。
24 主人公が舞台に姿を**アラワ**した。

「々」って何?

「々」は同じ字を二度書く労を省く符号《ふごう》で「踊り字（繰り返し符号）」といいます。これは「人々」「年々」などの漢字一字の繰り返しに用い、「一年一年」「不承不承」といった熟語の繰り返しや、「民主主義」「学生生活」のように複合語と認められる語句には用いません。

漢字	読み	画数	部首	部首名	漢字の意味	用例	筆順
穫	音 カク / 訓 —	18	禾	のぎへん	とりいれる・かりいれる	収穫《しゅうかく》	穫2 穫6 穫8 穫10 穫 穫 穫 穫16 穫 穫
岳	音 ガク / 訓 たけ	8	山	やま	高くて大きな山・いかめしい	岳父《がくふ》・山岳《さんがく》・富岳《ふがく》・〇〇岳《たけ》	岳 岳 岳 岳 岳 岳 岳 岳
掛	音 — / 訓 か(ける)・か(かる)・かかり	11	扌	てへん	かける・かかり・かけ・かけ売り	掛《か》け売《う》り・掛《か》け声《ごえ》・掛《か》け算《ざん》・掛《か》け軸《じく》・仕《し》掛《か》け・手《て》掛《が》かり	掛 掛 掛 掛 掛 掛 掛 掛9 掛 掛
滑	音 カツ・コツ / 訓 すべ(る)・なめ(らか)	13	氵	さんずい	すべる・なめらか・物事がうまくいく	滑空《かっくう》・滑降《かっこう》・滑車《かっしゃ》・滑走《かっそう》・滑稽《こっけい》・円滑《えんかつ》・潤滑《じゅんかつ》	滑3 滑 滑 滑 滑 滑 滑 滑 滑 滑13
肝	音 カン / 訓 きも	7	月	にくづき	きも・一番だいじなところ	肝炎《かんえん》・肝心《かんじん》・肝臓《かんぞう》・肝胆《かんたん》・肝要《かんよう》・肝試《きもだめ》し・肝《きも》っ玉《たま》・度肝《どぎも》	肝 肝 肝 肝 肝 肝 肝
冠	音 カン / 訓 かんむり	9	冖	わかんむり	かんむり・人の頭《かしら》に立つ・元服する・かぶさる	冠位《かんい》・冠婚葬祭《かんこんそうさい》・冠詞《かんし》・冠水《かんすい》・栄冠《えいかん》・王冠《おうかん》・弱冠《じゃっかん》	冠 冠 冠 冠 冠 冠 冠 冠 冠
勘	音 カン / 訓 —	11	力	ちから	よく考える・罪人を調べる・第六感	勘案《かんあん》・勘気《かんき》・勘定《かんじょう》・勘違《かんちが》い・勘当《かんどう》・勘所《かんどころ》・勘弁《かんべん》・山勘《やまかん》	勘 勘 勘 勘5 勘 勘 勘 勘 勘 勘
貫	音 カン / 訓 つらぬ(く)	11	貝	かい こがい	つらぬく・やりとおす・昔の金銭の単位	貫通《かんつう》・貫目《かんめ》・一貫《いっかん》・尺貫法《しゃっかんほう》・縦貫《じゅうかん》・突貫《とっかん》	貫 貫 貫 貫 貫 貫 貫8 貫 貫 貫

ステップ 4

練習問題

1 /24
2 /10
3 /7
4 /24

月　日

1 次の――線の漢字の読みをひらがなで記せ。

1 公園のベンチに腰を掛ける。

2 スキーで雪の斜面を滑降する。

3 弱冠二十歳で家業を継いだ。

4 諸事情を勘案して決定を下す。

5 国道が町を南北に貫いている。

6 関係機関と円滑な運営を図る。

7 解決への手掛かりをつかんだ。

8 妻の父のことを岳父という。

9 肝試し大会でお化けの役をする。

10 突貫工事で期日に間に合わせた。

11 今回の旅行は収穫が大きかった。

12 つい口が滑って秘密をもらした。

13 祖父が肝臓の病気で入院する。

14 台風により多くの畑が冠水した。

15 勘定を済ませて店を出た。

16 新しいトンネルが貫通した。

17 滑稽《けい》な話をして場をなごませた。

18 浮ついた気分を引きしめる。

19 辺りには煙霧が立ち込めている。

20 遠くの山が雨に煙っている。

21 汽笛の音が静寂を破った。

22 冬枯れの寂しい原野を歩く。

23 本の内容を詳細に説明する。

24 法律に詳しい友人に相談した。

2 次の――線のところにあてはまる送りがなをひらがなで記せ。

〈例〉意見を述――。（べる）

1 電車の発車時刻を確――た。（　　）
2 頼みを快――引き受ける。（　　）
3 自分の考えを貫――通す。（　　）
4 チームを率――主将を選ぶ。（　　）
5 穏――表情をしている石仏だ。（　　）
6 両者の主張は大きく隔――。（　　）
7 姉が嫁――先から遊びに来た。（　　）
8 窓の外に怪――人影が見えた。（　　）
9 畑を耕――て花の種をまく。（　　）
10 怒らせた相手に謝――たい。（　　）

3 次の――線のカタカナにあてはまる漢字をそれぞれのア・イから選び、記号で記せ。

1 ここが街でいちばん繁**カ**な通りだ。（ア 華　イ 佳）（　　）
2 山々が天然の城**カク**になっている。（ア 郭　イ 隔）（　　）
3 声を張り上げて和歌を朗**エイ**する。（ア 栄　イ 詠）（　　）
4 **カッ**車を使って荷物を動かす。（ア 滑　イ 活）（　　）
5 海上でタンカーが**エン**上した。（ア 炎　イ 宴）（　　）
6 **カ**かりつけの医者に相談した。（ア 架　イ 掛）（　　）
7 今さら失敗を**ク**やんでも仕方ない。（ア 朽　イ 悔）（　　）

4 次の——線のカタカナを漢字に直せ。

1 雨で足元が**スベ**りやすい。

2 菜園の作物を**シュウカク**する。

3 国王の**カンムリ**が光り輝く。

4 **イッカン**して信念を曲げない。

5 空港に**カッソウロ**を増設する。

6 日本には**サンガク**地帯が多い。

7 **ドギモ**を抜くホームランだった。

8 初代王座の**エイカン**を手にした。

9 最後まで初志を**ツラヌ**く。

10 どうやら**カンチガ**いのようだ。

11 成功するには根気が**カンヨウ**だ。

12 **カ**け値なしで話し合いをする。

13 彼女は英語を**ナメ**らかに話す。

14 夏場は食べ物が**クサ**りやすい。

15 仲間を**コブ**して優勝を目指す。

16 兄は土木工学が**センモン**だ。

17 旅の**キコウ**文をまとめる。

18 雑誌にコラムを**キコウ**している。

19 まさに逆転の**コウキ**が到来した。

20 少年は**コウキ**心に満ちている。

21 原文と訳文とを**タイショウ**する。

22 幼児を**タイショウ**とした調査だ。

23 今朝は早いうちに目が**サ**めた。

24 料理が**サ**めないうちに食べよう。

使い分けよう！ **ついきゅう【追究・追求・追及】**

追究…例 真理の追究 学問の追究 （きわめる）

追求…例 利益の追求 幸福の追求 （追い求める）

追及…例 責任の追及 余罪の追及 （追いつめる）

漢字	読み	画数	部首	部首名	漢字の意味	用例	筆順
喚	音 カン 訓 —	12	口	くちへん	大声でよぶ・さけぶ・まねく	喚起《かんき》・喚呼《かんこ》・喚声《かんせい》・喚問《かんもん》・叫喚《きょうかん》・召喚《しょうかん》	喚3 喚 喚 喚 喚 喚 喚 喚 喚 喚
換	音 カン 訓 か(える) か(わる)	12	扌	てへん	とりかえる・かわる・あらためる	換気《かんき》・換金《かんきん》・換言《かんげん》・換算《かんさん》《かんざん》・交換《こうかん》・転換《てんかん》・変換《へんかん》	換 換 換 換 換 換7 換9 換 換 換
敢	音 カン 訓 —	12	攵	のぶん ぼくづくり	あえてする・いさましい	敢行《かんこう》・敢然《かんぜん》・敢闘《かんとう》・果敢《かかん》・勇敢《ゆうかん》	敢 敢 敢 敢 敢6 敢 敢 敢10 敢 敢
緩	音 カン 訓 ゆる(い) ゆる(やか) ゆる(む) ゆる(める)	15	糸	いとへん	ゆるやか・のろい・ゆるめる	緩急《かんきゅう》・緩行《かんこう》・緩衝地帯《かんしょうちたい》・緩慢《かんまん》・緩和《かんわ》	緩6 緩 緩 緩 緩 緩 緩 緩 緩 緩
企	音 キ 訓 くわだ(てる)	6	人	ひとやね	くわだてる・計画する	企画《きかく》・企業《きぎょう》・企図《きと》	企 企 企 企 企 企
岐	音 キ 訓 —	7	山	やまへん	ふたまたに分かれる・枝分かれした道	岐路《きろ》・多岐《たき》・多岐亡羊《たきぼうよう》・分岐《ぶんき》・岐阜県《ぎふけん》	岐 岐 岐 岐 岐 岐 岐
忌	音 キ 訓 い(む) 高 い(まわしい) 高	7	心	こころ	さける・はばかる・命日	忌中《きちゅう》・忌日《きにち》《きじつ》・忌避《きひ》・忌引《きび》き・一周忌《いっしゅうき》・禁忌《きんき》・三回忌《さんかいき》	忌 忌 忌 忌 忌 忌 忌
軌	音 キ 訓 —	9	車	くるまへん	わだち・手本	軌跡《きせき》・軌道《きどう》・軌範《きはん》・広軌《こうき》・常軌《じょうき》・軌《き》を一《いつ》にする	軌 軌 軌 軌 軌 軌 軌 軌 軌

練習問題

1	／24
2	／10
3	／5
4	／24

月　日

1 次の――線の漢字の読みをひらがなで記せ。

1 次の駅で電車を乗り換える。
2 国会で証人喚問が行われた。
3 ラッシュ時の混雑が緩和された。
4 人生の重大な岐路に立っている。
5 冬は特に室内の換気に留意する。
6 荒天だったが決勝戦を敢行した。
7 満員の聴衆《ちょうしゅう》から喚声があがった。
8 中小企業対策案を審議《しんぎ》する。
9 検討中の課題は多岐にわたる。
10 故人の一周忌に墓参りをした。
11 彼は新しいことに果敢にいどむ。
12 常軌を外れた行動が目につく。
13 海岸線が緩やかなカーブを描く。
14 彼らの逃亡の企ては失敗した。
15 言い訳をして責任を忌避する。
16 主人公は敢然と敵に立ち向かう。
17 最寄りの店で買い物をした。
18 為替相場の変動に注意を払う。
19 父は熱狂的な野球ファンだ。
20 手違いがあって予定が狂った。
21 数軒の店が並ぶ小さな町だ。
22 軒先で弁当を売っている。
23 弟は丈夫な体に恵まれている。
24 スカートの丈を少し短くした。

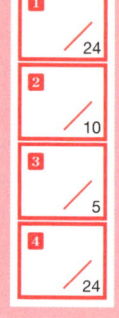

2 次の（　）内に入る適切な語を、後の［　］の中から選び、四字熟語を完成せよ。

1 （　）満面

2 （　）自在

3 複雑（　）

4 臨機（　）

5 無味（　）

6 （　）月歩

7 空前（　）

8 終始（　）

9 無我（　）

10 （　）無量

一貫・応変・怪奇・感慨・緩急・
乾燥・喜色・絶後・日進・夢中

3 次の各文にまちがって使われている同じ読みの漢字が一字ある。上に誤字を、下に正しい漢字を記せ。

	誤	正
1 地震や火災に備えて、建物の非常口を確認することが習換になっている。	（　）	（　）
2 明治時代に活躍した文豪たちの自筆原稿や遺品を展示する会が貴画された。	（　）	（　）
3 友人は穏やかな性格だが、熱い正義感の持ち主で周囲からも深頼されている。	（　）	（　）
4 自宅のベランダで、三脚に固定した望遠鏡を操作して星を勘測した。	（　）	（　）
5 古代日本で漢字が受容された経緯とその後の展開を概説した本が出版された。	（　）	（　）

4 次の——線のカタカナを漢字に直せ。

1 カンキュウをつけた投球だ。（　　）
2 不動産を売却してお金にカえる。（　　）
3 事業拡大のため買収をキトする。（　　）
4 聞き手の興味をカンキする。（　　）
5 損益ブンキテンを計算する。（　　）
6 ただ一人ユウカンに立ち上がる。（　　）
7 祖父の三カイキの供養《くよう》をした。（　　）
8 経営がキドウに乗り始めた。（　　）
9 日ごとに寒さがユルんできた。（　　）
10 ひらがなを漢字にヘンカンする。（　　）
11 会社の設立をクワダてている。（　　）
12 身のケッパクを繰り返し訴えた。（　　）

13 カれ木も山のにぎわい（　　）
14 ジシャクを使って砂鉄を集める。（　　）
15 法律に従って罪をサバく。（　　）
16 将来学者としてタイセイしたい。（　　）
17 資本主義タイセイの国は多い。（　　）
18 タイセイをくずして転んだ。（　　）
19 美術館で絵画をカンショウする。（　　）
20 別れのカンショウに浸る。（　　）
21 組織の合理化をハカる。（　　）
22 運動場の周囲の長さをハカった。（　　）
23 時間をハカりながら卵をゆでる。（　　）
24 定期的に体重をハカっている。（　　）

多岐亡羊（たきぼうよう）
羊を追いかけたところ、分かれ道が多く、結局とり逃がしてしまったという故事から、「学問の道が多方面に分かれて真理をとらえることができないこと・方針が多すぎて選択《せんたく》に迷うこと」をいいます。「岐」は分かれ道の意。 例：多岐亡羊で方針が決まらない。

漢字	読み	画数	部首	部首名	漢字の意味	用例	筆順
既	音 キ 訓 すで(に)	10	旡	なし ぶ すでのつくり	すでに・もはや・なくなる・つきる	既往症《きおうしょう》・既刊《きかん》・既婚《きこん》・既成《きせい》・既製《きせい》・既存《きそん》《きぞん》・既知《きち》・皆既日食《かいきにっしょく》	既 既 既 既 既 既 既 既 既 既
棋	音 キ 訓 ―	12	木	きへん	将棋・碁《ご》・すごろくのこま	棋界《きかい》・棋士《きし》・棋道《きどう》・棋譜《きふ》・棋力《きりょく》・将棋《しょうぎ》	棋 棋 棋 棋4 棋 棋 棋9 棋 棋 棋
棄	音 キ 訓 ―	13	木	き	すてる・しりぞける	棄却《ききゃく》・棄権《きけん》・遺棄《いき》・自棄《じき》・投棄《とうき》・破棄《はき》・廃棄《はいき》・放棄《ほうき》	棄2 棄 棄 棄 棄 棄8 棄 棄 棄 棄13
騎	音 キ 訓 ―	18	馬	うまへん	馬に乗る・馬に乗った兵士	騎士《きし》・騎手《きしゅ》・騎乗《きじょう》・騎馬《きば》・騎兵《きへい》・単騎《たんき》・一騎当千《いっきとうせん》	騎 騎 騎 騎5 騎 騎10 騎13 騎 騎17 騎
欺	音 ギ 訓 あざむ(く)	12	欠	あくび かける	あざむく・だます	詐欺《さぎ》・敵《てき》を欺《あざむ》く	欺 欺 欺 欺5 欺 欺8 欺 欺 欺 欺
犠	音 ギ 訓 ―	17	牜	うしへん	神に供える動物・いけにえ	犠牲《ぎせい》・犠打《ぎだ》	犠2 犠 犠8 犠10 犠12 犠 犠 犠 犠 犠
菊	音 キク 訓 ―	11	艹	くさかんむり	きく・古くから栽培《さいばい》される多年草	菊花《きくか》《きっか》・菊人形《きくにんぎょう》・残菊《ざんぎく》・白菊《しらぎく》・野菊《のぎく》	菊 菊3 菊 菊 菊 菊 菊 菊 菊 菊
吉	音 キチ キツ 訓 ―	6	口	くち	よい・めでたい・さいわい	吉日《きちじつ》《きつじつ》・吉例《きちれい》《きつれい》・吉凶《きっきょう》・吉報《きっぽう》・大吉《だいきち》・不吉《ふきつ》	吉 吉 吉 吉 吉 吉

ステップ 6 練習問題

1	/24
2	/10
3	/10
4	/24

月　日

1 次の——線の漢字の読みをひらがなで記せ。

1 待ちかねていた吉報が届いた。（　　）
2 老人をねらう詐《さ》欺が横行する。（　　）
3 大会への出場を直前で棄権する。（　　）
4 既定の方針で計画を進める。（　　）
5 不要な書類を全て破棄する。（　　）
6 騎兵を先頭に行進する。（　　）
7 昼を欺くような月の光だ。（　　）
8 菊人形の美しさに感動を覚える。（　　）
9 利便性を犠牲《せい》にして装飾に凝《こ》る。（　　）
10 おみくじで大吉を引いた。（　　）

11 馬上で騎手が歓声にこたえる。（　　）
12 異議を申し立てたが棄却された。（　　）
13 討論会は既に始まっていた。（　　）
14 職場には既婚の女性が多い。（　　）
15 人気棋士がタイトルを防衛した。（　　）
16 初夢で一年の吉凶を占う。（　　）
17 墓の周りには野菊が咲いていた。（　　）
18 既得の権利は今後も保護される。（　　）
19 山中で連日吹雪に見舞われた。（　　）
20 いつまでも名残は尽きない。（　　）
21 祖父は会社を辞めて隠居した。（　　）
22 名月が雲に隠れてしまった。（　　）
23 彼はその分野の先駆者の一人だ。（　　）
24 暗やみの中で不安に駆られた。（　　）

2

次の漢字の部首をア～エから一つ選び、記号で記せ。

1 冠（ア寸　イ二　ウ冖　エ儿）（　）
2 敢（ア工　イ目　ウ耳　エ攵）（　）
3 既（ア日　イ旡　ウ儿　エ艮）（　）
4 騎（ア大　イ灬　ウ馬　エ口）（　）
5 欺（ア二　イ甘　ウ八　エ欠）（　）
6 罰（ア言　イ罒　ウ亅　エ刂）（　）
7 菊（ア米　イ勹　ウ木　エ艹）（　）
8 吉（ア一　イ十　ウ口　エ士）（　）
9 歳（ア止　イ厂　ウ戈　エ小）（　）
10 臨（ア工　イ口　ウ匚　エ臣）（　）

3

次の（　）内に入る適切な語を、後の［　］の中から選び、四字熟語を完成せよ。

1 以心（　）
2 悪戦（　）
3 （　）断行
4 （　）当千
5 一件（　）
6 用意（　）
7 本末（　）
8 （　）万来
9 容姿（　）
10 （　）天外

一騎・奇想・苦闘・周到・熟慮・
千客・端麗・伝心・転倒・落着

4 次の——線のカタカナを漢字に直せ。

1 相手を**アザム**いて先手を打った。
2 庭に咲いた**シラギク**を摘み取る。
3 思い立ったが**キチジツ**
4 電車は**スデ**に出てしまった。
5 幼い時に**ショウギ**を教わった。
6 大通りを**キバ**武者の行列が通る。
7 失敗しても自暴**ジキ**になるな。
8 バッターの**ギダ**により得点した。
9 **フキツ**な予感が脳裏《のうり》をかすめる。
10 **キセイ**事実として受け入れる。
11 彼の誤解が失敗の**ゲンキョウ**だ。
12 **ヒトジチ**が無事に解放された。

13 社会のために**ソッセン**して働く。
14 腕の**ジョウミャク**に注射した。
15 所得の格差が**イチジル**しい。
16 **オオヤケ**の場で正式に発表する。
17 毎朝**ナットウ**を食べている。
18 久しぶりに旧友に**サイカイ**した。
19 午後から会議を**サイカイ**する。
20 大雨で船は**ケッコウ**になった。
21 雨でも遠足は**ケッコウ**される。
22 教室から体育館に机を**ウツ**す。
23 鏡に姿を**ウツ**して洋服を選ぶ。
24 黒板の字をノートに**ウツ**す。

使い分けよう！ **こうかん【交換・交歓】**

交換…例 部品を交換する　物物交換
（取りかえる）

交歓…例 両国の学生が交歓する　交歓音楽会
（ともに打ち解けて楽しむ）

力だめし 第1回

総得点 /100

評価

A	B	C	D	E
80点以上	75点	70点	60点	

月　日

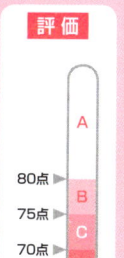

1 次の――線の漢字の読みをひらがなで記せ。

1×10 /10

1 西欧の影響を多大に受けている。（　）
2 光栄にも宴席に招かれた。（　）
3 思いつきをメモに殴り書きした。（　）
4 大きな魚をつり上げて悦に入る。（　）
5 週末は繁華街へ買い物に行く。（　）
6 数年間、親に勘当されていた。（　）
7 引退後は平穏に過ごしている。（　）
8 波一つない穏やかな海だ。（　）
9 異業種への進出を企図する。（　）
10 新商品の開発を企てている。（　）

2 次の漢字の部首をア〜エから一つ選び、記号で記せ。

1×10 /10

1 閲（ア門　イ丶　ウ口　エ儿）（　）
2 穫（ア又　イ禾　ウ艹　エ隹）（　）
3 餓（ア人　イ戈　ウ弋　エ𩙿）（　）
4 喚（ア八　イ大　ウ口　エ冂）（　）
5 貫（ア一　イ毋　ウ目　エ貝）（　）
6 怪（ア丨　イ忄　ウ又　エ土）（　）
7 勘（ア目　イ匚　ウ力　エ儿）（　）
8 岳（ア一　イ二　ウノ　エ山）（　）
9 掛（アト　イ土　ウ扌　エ十）（　）
10 企（ア人　イ止　ウト　エ一）（　）

3 次の——線のカタカナを漢字一字と送りがな（ひらがな）に直せ。

〈例〉問題に**コタエル**。（答える）

1×10 ／10

1 名画を鑑賞して目を**コヤス**。（　　）

2 敵を**アザムク**計略を練る。（　　）

3 日が暮れて**アタリ**が暗くなる。（　　）

4 提案に反対意見を**トナエル**。（　　）

5 練習を重ねて発表会に**ノゾム**。（　　）

6 微笑を**タヤス**ことのない人だ。（　　）

7 **ナグサメル**ように肩をたたいた。（　　）

8 大きく票が**ワレル**結果となった。（　　）

9 あまりの怖さに気を**ウシナッ**た。（　　）

10 家族を**ヤシナウ**ために働く。（　　）

4 次の——線のカタカナにあてはまる漢字をそれぞれのア～オから一つ選び、記号で記せ。

1×10 ／10

1 物語は**カ**境に入ってきた。（　　）

2 野菜の出**カ**で多忙な時期だ。（　　）

3 余**カ**を生かして習いごとをする。（　　）

（ア荷　イ菓　ウ佳　エ暇　オ箇）

4 ようやく収**カク**の秋を迎える。（　　）

5 コレラの感染者を**カク**離する。（　　）

6 市は外**カク**団体に意見を求めた。（　　）

（ア獲　イ較　ウ穫　エ隔　オ郭）

7 今週の天気の**ガイ**況を確かめた。（　　）

8 道徳心の低下を**ガイ**嘆する。（　　）

9 当**ガイ**官庁への申告を済ませる。（　　）

10 関係者間の利**ガイ**が対立する。（　　）

（ア慨　イ害　ウ該　エ外　オ概）

5

熟語の構成のしかたには次のようなものがある。

1×10　／10

ア　同じような意味の漢字を重ねたもの　（岩石）
イ　反対または対応の意味を表す字を重ねたもの　（高低）
ウ　上の字が下の字を修飾しているもの　（洋画）
エ　下の字が上の字の目的語・補語になっているもの　（着席）
オ　上の字が下の字の意味を打ち消しているもの　（非常）

次の熟語は右のア～オのどれにあたるか、一つ選び、記号で記せ。

1　後悔（　　）
2　渡欧（　　）
3　吉凶（　　）
4　概観（　　）
5　無数（　　）
6　隔世（　　）
7　存亡（　　）
8　悦楽（　　）
9　未決（　　）
10　怪獣（　　）

6

後の［　］内のひらがなを漢字に直して（　）に入れ、対義語・類義語を作れ。［　］内のひらがなは一度だけ使い、漢字一字を記せ。

1×10　／10

対義語

1　歓喜―悲（　　）
2　短縮―（　　）長
3　概略―（　　）細
4　軽率―（　　）重
5　実在―（　　）空

類義語

6　座視―（　　）観
7　果敢―勇（　　）
8　他界―永（　　）
9　尊大―高（　　）
10　重要―（　　）心

あい・えん・か・かん・しょう・しん・ぼう・まん・みん・もう

7

次の（　）内に入る適切な語を、後の［　］の中から選び、漢字に直して四字熟語を完成せよ。

2×10　／20

1 金城（　）
2 意志（　）
3 （　）翼翼
4 （　）不断
5 （　）放語
6 （　）打尽
7 明鏡（　）
8 円転（　）
9 （　）回生
10 （　）東風

いちもう・かつだつ・きし・しすい・しょうしん・てっぺき・はくじゃく・ばじ・まんげん・ゆうじゅう

8

次の——線のカタカナを漢字に直せ。

2×10　／20

1 小売りは**オロシ**売りよりも高い。（　）
2 医師団は**サイゼン**を尽くした。（　）
3 **オウカン**は権威を象徴していた。（　）
4 病院で**ハイエン**と診断《しんだん》された。（　）
5 貴重な資料を**ハイシャク**する。（　）
6 **キセイ**服だが彼によく似合った。（　）
7 世間の**フウチョウ**に逆らう。（　）
8 **オクバ**を強くかみしめる。（　）
9 一家の財布のひもを**ニギ**る。（　）
10 青春時代を**ツイオク**する。（　）

漢字	読み	画数	部首	部首名	漢字の意味	用例	筆順
喫	音 キツ / 訓 —	12	口	くちへん	たべる・のむ・すう	喫煙《きつえん》・喫茶《きっさ》・喫水《きっすい》・満喫《まんきつ》・敗北《はいぼく》を喫《きっ》する	3
虐	音 ギャク / 訓 しいた(げる) 高	9	虍	とらがしら とらかんむり	むごくあつかう・しいたげる・そこなう	虐殺《ぎゃくさつ》・虐政《ぎゃくせい》・虐待《ぎゃくたい》・残虐《ざんぎゃく》・自虐《じぎゃく》・暴虐《ぼうぎゃく》	
虚	音 キョ、コ 高 / 訓 —	11	虍	とらがしら とらかんむり	むなしい・うそ・悪い心がない・からにする	虚栄《きょえい》・虚偽《きょぎ》・虚構《きょこう》・虚実《きょじつ》・虚弱《きょじゃく》・虚勢《きょせい》・虚空《こくう》・空虚《くうきょ》	8
峡	音 キョウ / 訓 —	9	山	やまへん	はざま・たにあい・細長くせまい所	峡谷《きょうこく》・峡湾《きょうわん》・海峡《かいきょう》・山峡《さんきょう》・地峡《ちきょう》	
脅	音 キョウ / 訓 おびや(かす) 高、おど(す)、おど(かす)	10	肉	にく	こわがらせる	脅威《きょうい》・脅迫《きょうはく》・脅《おど》し文句《もんく》	
凝	音 ギョウ / 訓 こ(る)、こ(らす)	16	冫	にすい	こる・かたまる・心を一つにする	凝議《ぎょうぎ》・凝血《ぎょうけつ》・凝結《ぎょうけつ》・凝固《ぎょうこ》・凝視《ぎょうし》・凝縮《ぎょうしゅく》・凝《こ》り性《しょう》・肩凝《かたこ》り	2, 8, 11, 16
斤	音 キン / 訓 —	4	斤	きん	尺貫法の重さの単位・まさかり・おの	斤量《きんりょう》・一斤《いっきん》	
緊	音 キン / 訓 —	15	糸	いと	固くしめる・さしせまる・きびしい	緊急《きんきゅう》・緊縮《きんしゅく》・緊張《きんちょう》・緊迫《きんぱく》・緊密《きんみつ》	5, 7, 13, 15
愚	音 グ / 訓 おろ(か)	13	心	こころ	まぬけ・ばかなこと・へりくだる意味を表す	愚見《ぐけん》・愚行《ぐこう》・愚直《ぐちょく》・愚鈍《ぐどん》・愚問《ぐもん》・暗愚《あんぐ》・賢愚《けんぐ》・愚《ぐ》の骨頂《こっちょう》	2, 4, 13

ステップ 7

練習問題

1	/24
2	/6
3	/10
4	/24

月　日

1 次の――線の漢字の読みをひらがなで記せ。

1 失敗して自虐的な気分になる。

2 空虚な議論が続いて閉口した。

3 古都の秋を満喫してきた。

4 相手の脅し文句に強く抵抗した。

5 大気中で水分が凝結し霧となる。

6 緊密に連絡を取って関係を保つ。

7 愚かな言動を深く反省する。

8 児童虐待はあってはならない。

9 祖父は五年前に喫煙をやめた。

10 相手の虚に乗じて勝ちを得た。

11 彼の速球は打者にとって脅威だ。

12 細かい針仕事で肩が凝った。

13 山峡を縫《ぬ》って列車が走っている。

14 食パンを一斤買ってきた。

15 暗愚な主君に仕えて苦労した。

16 ライバルと記録を競い合う。

17 親しい友人の家を訪れる。

18 昔、この場所で戦が行われた。

19 増水のため高台に避難する。

20 大通りを避けて回り道をする。

21 江《え》戸《ど》幕府はおよそ三百年続いた。

22 会場に紅白の幕を張り巡らす。

23 私と彼の意見には相違がある。

24 予想とは違った結果が出た。

2 次の〔　〕から類義語の関係になる組み合わせを一組選び、記号で記せ。

1 〔ア 架設　イ 架空　ウ 虚構　エ 虚無〕（　）と（　）

2 〔ア 用心　イ 警護　ウ 訓戒　エ 警戒〕（　）と（　）

3 〔ア 内容　イ 体験　ウ 外見　エ 体裁〕（　）と（　）

4 〔ア 出版　イ 休刊　ウ 刊行　エ 週刊〕（　）と（　）

5 〔ア 解釈　イ 釈明　ウ 雄弁　エ 弁解〕（　）と（　）

6 〔ア 企図　イ 計画　ウ 名案　エ 評判〕（　）と（　）

3 次の――線のカタカナ「**カン**」をそれぞれ異なる漢字に直せ。

1 世論を**カン**起する事件が起きた。（　）

2 あの映画の決闘の場面は圧**カン**だ。（　）

3 今後は両国間の緊張**カン**和を図る。（　）

4 妹は交**カン**留学生として渡米した。（　）

5 これくらいで**カン**弁してほしい。（　）

6 大雨で田畑が**カン**水した。（　）

7 アルバムを見て**カン**慨にふける。（　）

8 今は何より養生が**カン**心だ。（　）

9 街の中心部を**カン**通する道路だ。（　）

10 制止を振り切り出発を**カン**行する。（　）

4 次の――線のカタカナを漢字に直せ。

1 工夫を**コ**らした独創的な作品だ。（　）

2 自宅に**キョウハク**電話がかかる。（　）

3 一**キン**の食パンを六枚に切る。（　）

4 **グチョク**で気がきかない人だ。（　）

5 血液の**ギョウコ**を防ぐ薬を飲む。（　）

6 **カイキョウ**を船が行き来する。（　）

7 **ザンギャク**な犯罪が報道された。（　）

8 駅前の**キッサ**店で待ち合わせる。（　）

9 以前は**キョジャク**体質だった。（　）

10 弟を**オド**かしてからかう。（　）

11 **オロ**かな言動を重ねてしまった。（　）

12 **キンキュウ**事態で出動する。（　）

13 兄は**ゲンエキ**で大学に合格した。（　）

14 それは**キジョウ**の空論だ。（　）

15 午後から空が**クモ**り始めた。（　）

16 予想外の苦戦を**シ**いられた。（　）

17 拾った**サイフ**を交番に届けた。（　）

18 都会を離れて**イナカ**で暮らす。（　）

19 **ビンワン**の弁護士が活躍する。（　）

20 社会の出来事に**カンシン**を持つ。（　）

21 **カンシン**にたえない惨状だ。（　）

22 彼の勤勉な態度に**カンシン**した。（　）

23 プレゼントはとても気に**イ**った。（　）

24 この作業には根気が**イ**る。（　）

使い分けよう！ **たいしょう【対象・対照・対称】**

対象…例 調査対象　読者対象　（相手・目標）

対照…例 AとBを対照する　対照的な色　（比較）

対称…例 対称図形　左右対称　（つり合っている）

ステップ 8

漢字	偶	遇	刑	契	啓	掲	携	憩
読み	音 グウ 訓 ―	音 グウ 訓 ―	音 ケイ 訓 ―	音 ケイ 訓 ちぎ(る) 高	音 ケイ 訓 ―	音 ケイ 訓 かか(げる)	音 ケイ 訓 たずさ(える) たずさ(わる)	音 ケイ 訓 いこ(い) いこ(う) 高
画数	11	12	6	9	11	11	13	16
部首	イ	⻌	刂	大	口	扌	扌	心
部首名	にんべん	しんにょう しんにゅう	りっとう	だい	くち	てへん	てへん	こころ
漢字の意味	たまたま・対になる・人形・二で割り切れる	でくわす・もてなす・めぐりあわせ	おきて・法律・罰する	約束を結ぶ・割り印	教えみちびく・申し上げる・ひらく	高くかかげる・からげる・になう	手に持つ・手をつなぐ	やすむ・いこう
用例	偶数《ぐうすう》・偶然《ぐうぜん》・偶像《ぐうぞう》・偶発《ぐうはつ》・土偶《どぐう》・配偶者《はいぐうしゃ》	境遇《きょうぐう》・処遇《しょぐう》・遭遇《そうぐう》・待遇《たいぐう》・不遇《ふぐう》・優遇《ゆうぐう》・冷遇《れいぐう》・千載一遇《せんざいいちぐう》	刑期《けいき》・刑事《けいじ》・刑罰《けいばつ》・刑法《けいほう》・求刑《きゅうけい》・減刑《げんけい》・終身刑《しゅうしんけい》・処刑《しょけい》	契印《けいいん》・契機《けいき》・契約《けいやく》・黙契《もっけい》	啓示《けいじ》・啓上《けいじょう》・啓発《けいはつ》・拝啓《はいけい》	掲載《けいさい》・掲示《けいじ》・掲揚《けいよう》・前掲《ぜんけい》	携行《けいこう》・携帯《けいたい》・提携《ていけい》・必携《ひっけい》・連携《れんけい》	休憩《きゅうけい》・少憩《しょうけい》
筆順	偶2 偶 偶 偶 偶 偶 偶 偶 偶 偶	遇2 遇4 遇 遇 遇 遇 遇 遇 遇 遇	刑 刑 刑 刑 刑 刑	契 契 契 契 契 契 契 契 契	啓 啓 啓 啓 啓6 啓 啓 啓 啓 啓	掲 掲 掲 掲 掲 掲7 掲 掲 掲 掲	携3 携 携 携 携 携 携10 携 携 携	憩 憩 憩 憩6 憩 憩 憩 憩12 憩14 憩16

ステップ **8**

練習問題

1	／24
2	／10
3	／5
4	／24

月　日

1

次の——線の漢字の読みをひらがなで記せ。

1 途中で一度少憩する予定だ。（　）
2 啓発されるところの多い本だ。（　）
3 よい配偶者を得て幸せに暮らす。（　）
4 入院を契機に父は飲酒をやめた。（　）
5 国旗を掲げた旗手に選手が続く。（　）
6 新しい職場の待遇に満足する。（　）
7 二人の刑事が被疑者を尾行する。（　）
8 夏休みに土産を携えて帰省した。（　）
9 この公園は市民の憩いの場だ。（　）
10 自作の俳句が雑誌に掲載された。（　）
11 師の言葉は天の啓示のようだ。（　）
12 駅前で偶然友人に会った。（　）
13 地域と学校の連携が求められる。（　）
14 減刑を求める嘆願書を提出した。（　）
15 入荷した商品を店頭に並べる。（　）
16 くつ下を脱いで素足で過ごした。（　）
17 努力は必ず報われるだろう。（　）
18 子どもの朗らかな声が聞こえる。（　）
19 戦略を転換する必要がある。（　）
20 品物と代金を引き換える。（　）
21 香料として珍重されている。（　）
22 珍しく、兄の帰りが早かった。（　）
23 次期会長に推されて当惑する。（　）
24 今さら逃げ惑っても仕方がない。（　）

2 次の漢字が下の（　）に入る漢字を修飾するよう、後の□の中から選び、熟語を作れ。

1 佳（　）
2 偶（　）
3 怪（　）
4 愚（　）
5 必（　）
6 虐（　）
7 祝（　）
8 騎（　）
9 吉（　）
10 肝（　）

炎・宴・境・携・待・発・兵・報・問・力

3 1～5の三つの□に共通する漢字を入れて熟語を作れ。漢字はア～コから一つ選び、記号で記せ。

1 □期・求□・処□（　）
2 遺□・投□・□権（　）
3 奇□・境□・優□（　）
4 □縮・□迫・□張（　）
5 検□・□歴・□覧（　）

ア 緊　イ 閲　ウ 既　エ 凝　オ 棄
カ 型　キ 討　ク 刑　ケ 愚　コ 遇

4 次の——線のカタカナを漢字に直せ。

1 理想を**カカ**げて常に努力する。

2 長年、政治に**タズサ**わってきた。

3 会社と秘密保持**ケイヤク**を結ぶ。

4 **キュウケイ**時間に読書を楽しむ。

5 **グウスウ**月に発行される雑誌だ。

6 重い**ケイバツ**が科せられた。

7 **ケイジ**板にポスターをはる。

8 役員としての**ショグウ**を受ける。

9 名刺を必ず**ケイコウ**している。

10 **イコ**いのひとときを過ごす。

11 **ハイケイ**、秋冷の候となりました。

12 **ユエ**なき中傷に苦しめられた。

13 ひたすら学問に**ショウジン**する。

14 **サッソク**仕事に取りかかる。

15 **ココチ**よい音楽が流れている。

16 実力で彼に**マサ**る者はいない。

17 **カゼ**をひいてしばらく寝込んだ。

18 火勢が**モウイ**を振るっている。

19 田んぼで**イネカ**りが始まった。

20 四月**イコウ**の支出を調べる。

21 来年から新制度に**イコウ**する。

22 政策に市民の**イコウ**を反映する。

23 **アヤマ**った漢字を書き改める。

24 友だちに**アヤマ**って仲直りした。

使い分けよう! **たいせい【体制・態勢・体勢】**

体制…例 資本主義体制 非常体制 (全体のしくみ)

態勢…例 出動態勢 協力態勢 (特定の物事への身構え)

体勢…例 有利な体勢 くずれた体勢 (体の構え・姿勢)

漢字	読み	画数	部首	部首名	漢字の意味	用例	筆順
鶏	音 ケイ 訓 にわとり	19	鳥	とり	ニワトリ	鶏口牛後《けいこうぎゅうご》・鶏舎《けいしゃ》・鶏頭《けいとう》・鶏鳴《けいめい》・鶏卵《けいらん》・闘鶏《とうけい》・養鶏《ようけい》	鶏 鶏4 鶏6 鶏 鶏 鶏10 鶏 鶏13 鶏 鶏 鶏19
鯨	音 ゲイ 訓 くじら	19	魚	うおへん	クジラ・大きいもののたとえ	鯨飲《げいいん》・鯨肉《げいにく》・鯨油《げいゆ》・捕鯨《ほげい》・鯨幕《くじらまく》	鯨 鯨 鯨4 鯨 鯨7 鯨11 鯨13 鯨16 鯨 鯨19
倹	音 ケン 訓 ―	10	亻	にんべん	つつましい・むだをはぶく・すくない	倹素《けんそ》・倹約《けんやく》・勤倹《きんけん》・節倹《せっけん》	倹 倹 倹 倹 倹 倹 倹 倹 倹 倹
賢	音 ケン 訓 かしこ(い)	16	貝	かいこがい	かしこい・すぐれた人・相手に対する敬称	賢愚《けんぐ》・賢兄《けんけい》・賢察《けんさつ》・賢人《けんじん》・賢明《けんめい》・諸賢《しょけん》・聖賢《せいけん》・先賢《せんけん》	賢 賢 賢6 賢 賢 賢 賢 賢 賢14 賢16
幻	音 ゲン 訓 まぼろし	4	幺	ようかいとがしら	まぼろし・まどわす	幻影《げんえい》・幻覚《げんかく》・幻術《げんじゅつ》・幻想《げんそう》・幻滅《げんめつ》・幻惑《げんわく》・変幻《へんげん》・夢幻《むげん》	幻 幻 幻 幻
孤	音 コ 訓 ―	9	子	こへん	みなしご・ひとり	孤軍奮闘《こぐんふんとう》・孤高《ここう》・孤児《こじ》・孤城落日《こじょうらくじつ》・孤島《ことう》・孤独《こどく》・孤立《こりつ》	孤 孤 孤 孤 孤 孤 孤 孤 孤
弧	音 コ 訓 ―	9	弓	ゆみへん	ゆみ・弓なりに曲がった線	弧状《こじょう》・円弧《えんこ》・括弧《かっこ》・弧《こ》を描《えが》いて飛《と》ぶ	弧 弧 弧 弧 弧 弧 弧 弧 弧
雇	音 コ 訓 やと(う)	12	隹	ふるとり	やとう	雇員《こいん》・雇用《こよう》・解雇《かいこ》・雇《やと》い主《ぬし》・日雇《ひやと》い・臨時雇《りんじやと》い	雇 雇 雇 雇 雇6 雇 雇 雇 雇11 雇

ステップ 9

練習問題

1	／24
2	／10
3	／10
4	／24

月　日

1 次の――線の漢字の読みをひらがなで記せ。

1 もっと賢い解決方法を考える。

2 この地は古くから闘鶏が盛んだ。

3 鯨が泳ぎながら潮を吹いた。

4 若い時から勤倹を心掛けてきた。

5 幻想的な色調を好む画家だ。

6 世俗を離れ孤高の精神を保つ。

7 人手不足でアルバイトを雇った。

8 内情はご賢察の通りです。

9 鯨飲馬食は慎むべきだ。

10 幻の名画が美術館で公開される。

11 球は弧を描いて観覧席に達した。

12 景気が回復して雇用が増加する。

13 人は外見に幻惑されがちである。

14 我が家の鶏は毎朝卵を産む。

15 強引なやり方で反発を招いた。

16 雑誌をひもでしっかり結わえる。

17 忙しくて座る間もない。

18 長兄は今、大学に通っている。

19 大輪の真紅のバラが咲いた。

20 彼女は口紅を薄くつけている。

21 全身をばねにして高く跳躍する。

22 池の中から魚が跳ね上がる。

23 犯人は国外に逃走した。

24 彼は最初から逃げ腰だった。

2

次のAとBの漢字を一字ずつ組み合わせて二字の熟語を作れ。Bの漢字は必ず一度だけ使う。また、AとBどちらの漢字が上でもよい。

A

1 滑　2 栄　3 孤　4 提　5 勘
6 偶　7 谷　8 変　9 鈍　10 賢

B

華　峡　円　携　先
定　像　島　幻　愚

1（　　）
2（　　）
3（　　）
4（　　）
5（　　）
6（　　）
7（　　）
8（　　）
9（　　）
10（　　）

3

次の――線のカタカナ「**キ**」をそれぞれ異なる漢字に直せ。

1 遺産相続権を放**キ**するつもりだ。（　　）
2 若者らしい**キ**概が感じられる。（　　）
3 外資系**キ**業に就職する。（　　）
4 次の分**キ**点で右折する。（　　）
5 強豪同士の一**キ**討ちとなる。（　　）
6 **キ**門の方角を避けて出かける。（　　）
7 兄は囲碁《いご》三段の**キ**力を持っている。（　　）
8 全集の第四巻までは**キ**刊だ。（　　）
9 雪の上に**キ**跡を描いて滑降する。（　　）
10 身内の不幸で学校を**キ**引きした。（　　）

4 次の――線のカタカナを漢字に直せ。

1 実家は**ヨウケイ**業を営んでいる。

2 世の中を**カシコ**く立ち回る。

3 商業**ホゲイ**は禁止されている。

4 高熱に浮かされ**ゲンカク**を見る。

5 ガイドを**ヤト**って観光した。

6 夜明けに**ニワトリ**が時を告げる。

7 **ケンヤク**して貯蓄にはげむ。

8 登頂の中止は**ケンメイ**な判断だ。

9 **クジラ**は海にすむ哺《ほ》乳《にゅう》動物だ。

10 **マボロシ**のように消えた。

11 ひとしきり**コドク**に浸った。

12 大勢の労働者が**カイコ**された。

13 文章中の引用文に括《かっ》**コ**をつける。

14 優れた作品に賞を**サズ**ける。

15 責任をとって会社を**ヤ**めた。

16 人目を気にして**テイサイ**を繕《つくろ》う。

17 **ム**し暑くて寝苦しい夜だ。

18 もはや**バンサク**尽き果てた。

19 敵の攻撃を受けて**シリゾ**く。

20 事件は大きななぞを**ヒ**めている。

21 昨日は**キョクチ**的に雨が降った。

22 造形美の**キョクチ**を示した城だ。

23 かばんを手に**サ**げて家を出た。

24 謝罪して深々と頭を**サ**げた。

使い分けよう！ **あらわす【表・現・著】**

表す…例 喜びを表す 言葉に表す（感情などを表に出す）

現す…例 姿を現す（隠れていた姿や形が見えるようになる）

著す…例 書物を著す 社史を著す（書いて出版する）

漢字	読み	画数	部首	部首名	漢字の意味	用例	筆順
顧	音 コ 訓 かえり(みる)	21	頁	おおがい	ふり返ってみる・心にかける	顧客《こきゃく》・顧問《こもん》・顧慮《こりょ》・愛顧《あいこ》・回顧《かいこ》・後顧《こうこ》・三顧《さんこ》の礼《れい》	3 6 8 12 14 16 19 21
娯	音 ゴ 訓 ―	10	女	おんなへん	たのしむ・たのしみ	娯遊《ごゆう》・娯楽《ごらく》	
悟	音 ゴ 訓 さと(る)	10	忄	りっしんべん	はっきりと知る・さとる	悟性《ごせい》・悟道《ごどう》・悔悟《かいご》・覚悟《かくご》・大悟《たいご》徹底《てってい》	
孔	音 コウ 訓 ―	4	子	こへん	あな・通る・「孔子《こうし》」のこと	孔子《こうし》・眼孔《がんこう》・気孔《きこう》・通気孔《つうきこう》・鼻孔《びこう》・噴気孔《ふんきこう》	
巧	音 コウ 訓 たく(み)	5	エ	たくみへん	じょうずなこと	巧言令色《こうげんれいしょく》・巧者《こうしゃ》・巧拙《こうせつ》・巧妙《こうみょう》・技巧《ぎこう》・精巧《せいこう》・悪巧《わるだく》み	
甲	音 コウ カン 訓 ―	5	田	た	よろい・かたいから・一番目・邦楽《ほうがく》で高い音	甲乙《こうおつ》・甲骨文字《こうこつもじ》・甲高《かんだか》い・甲板《かんぱん こうはん》・装甲車《そうこうしゃ》・手《て》の甲《こう》	
坑	音 コウ 訓 ―	7	土	つちへん	地下にほったあな	坑道《こうどう》・坑内《こうない》・金坑《きんこう》・斜坑《しゃこう》・炭坑《たんこう》・廃坑《はいこう》	
拘	音 コウ 訓 ―	8	扌	てへん	とらえる・こだわる・とどめる	拘引《こういん》・拘禁《こうきん》・拘束《こうそく》・拘置《こうち》・拘留《こうりゅう》	
郊	音 コウ 訓 ―	9	阝	おおざと	まちはずれ	郊外《こうがい》・遠郊《えんこう》・近郊《きんこう》	

ステップ 10

練習問題

1	/24
2	/5
3	/6
4	/24

月　日

1 次の――線の漢字の読みをひらがなで記せ。

1 祖父の学生時代の回顧談を聞く。

2 反省して悔悟の涙を流した。

3 悪巧みを見破って難を逃れる。

4 二人の力量は甲乙つけがたい。

5 部屋の壁に通気孔をあける。

6 相手の意向を顧慮して決定する。

7 ようやく事の次第を悟った。

8 技巧を駆使した作品が目立つ。

9 ツルは甲高く鳴いて飛び立った。

10 都市の近郊で野菜を作っている。

11 落盤事故で炭坑が閉鎖された。

12 彼は後ろを顧みずに立ち去った。

13 拘留された移民を解放する。

14 娯楽番組に出演して人気が出た。

15 仮病を使ってさそいを断る。

16 役人の不正が暴露された。

17 長年の経験に基づいて判断する。

18 今、一番欲しい物はカメラだ。

19 夏休みに山脈の主峰に登った。

20 雲の峰が白く輝いている。

21 雑草が一面に繁茂している。

22 若葉が茂る季節が近付いてきた。

23 一見鈍重そうに見える動物だ。

24 街灯の鈍い光を頼りに歩いた。

2 次の各文にまちがって使われている同じ読みの漢字が一字ある。上に誤字を、下に正しい漢字を記せ。

誤　正

1 照明を落とした水族館で、さまざまな魚が泳ぎ回る現想的な光景を楽しむ。（　）（　）

2 医師は新しい治療法や特巧薬を例に挙げ、医療の現状を詳しく解説した。（　）（　）

3 演技力を高く評価された新進の舞台俳優が、受賞を恵機に一躍脚光を浴びた。（　）（　）

4 旅先では万一の場合に備えて、貴重品をはだ身離さず掲帯するべきである。（　）（　）

5 線路を高化にする工事が終わり、踏切事故の起きる危険性がなくなった。（　）（　）

3 次の〔　〕から対義語の関係になる組み合わせを一組選び、記号で記せ。

1 〔ア 反抗　イ 拘束　ウ 解放　エ 建設〕（　）と（　）

2 〔ア 契約　イ 解雇　ウ 採集　エ 採用〕（　）と（　）

3 〔ア 近接　イ 間接　ウ 遠隔　エ 遠景〕（　）と（　）

4 〔ア 穏健　イ 過激　ウ 温暖　エ 劇的〕（　）と（　）

5 〔ア 緩慢　イ 敏感　ウ 緩急　エ 敏速〕（　）と（　）

6 〔ア 着実　イ 立派　ウ 派手　エ 地味〕（　）と（　）

4 次の——線のカタカナを漢字に直せ。

1 改革には相当の**カクゴ**が必要だ。

2 投手は**タク**みに球をあやつる。

3 **コキャク**の情報が流出した。

4 自分の非を**サト**って謝った。

5 手の**コウ**に小さな虫がとまった。

6 密航者の身柄を**コウソク**する。

7 金を採掘した**コウナイ**を見る。

8 花の香りが**ビコウ**をくすぐる。

9 **ゴラク**に使うお金を節約する。

10 日本の文化史を**カエリ**みる。

11 **コウミョウ**な手口にだまされた。

12 船の**カンパン**に出て手を振った。

13 静かな**コウガイ**に引っ越したい。

14 日照り続きに**メグ**みの雨が降る。

15 **ヒンケツ**気味でめまいがする。

16 母はいつも**エ**みを浮かべている。

17 会場から荷物を**ハンシュツ**した。

18 入賞して**メンボク**を保った。

19 とんだ**シロモノ**をつかまされた。

20 大**キボ**な開発計画を推し進める。

21 赤ちゃんは消化**キカン**が弱い。

22 交通**キカン**の発達は目覚ましい。

23 この近海は**シオ**の流れが速い。

24 魚の表面に**シオ**をまぶして焼く。

巧言令色（こうげんれいしょく）

『論語』に収められている孔子の言葉「巧言令色鮮《すく》なし仁」によっている四字熟語で、「愛想のよいことを言い、顔色をつくろって、人にこびへつらうこと」という意味です。孔子は、このような態度の人には仁の心が欠けている、と述べているのです。

漢字	読み	画数	部首	部首名	漢字の意味	用例	筆順
控	音 コウ 高 / 訓 ひか(える)	11	扌	てへん	ひかえる・さしひく・申し立てる・告げる	控除《こうじょ》・控訴《こうそ》・控《ひか》え室《しつ》・控《ひか》え目《め》	控 5
慌	音 コウ 高 / 訓 あわ(てる) あわ(ただしい)	12	忄	りっしんべん	あわただしい・おそれる	恐慌《きょうこう》・慌《あわ》て者《もの》・大慌《おおあわ》て	慌 2 6
硬	音 コウ / 訓 かた(い)	12	石	いしへん	かたい・つよい	硬貨《こうか》・硬式《こうしき》・硬質《こうしつ》・硬水《こうすい》・硬直《こうちょく》・硬度《こうど》・強硬《きょうこう》・生硬《せいこう》	硬 5
絞	音 コウ 高 / 訓 しぼ(る) し(める) し(まる)	12	糸	いとへん	くびる・しめる・しぼる	絞殺《こうさつ》・絞首刑《こうしゅけい》・絞《しぼ》り染《ぞ》め・豆絞《まめしぼ》り	絞 3 6
綱	音 コウ / 訓 つな	14	糸	いとへん	おおもと・大きな区分け・つな	綱紀《こうき》・綱目《こうもく》・綱領《こうりょう》・大綱《たいこう》《おおづな》・要綱《ようこう》・綱渡《つなわた》り・手綱《たづな》・横綱《よこづな》	綱 4 6 10
酵	音 コウ / 訓 —	14	酉	とりへん	発酵すること・酒のもと	酵素《こうそ》・酵母《こうぼ》・発酵《はっこう》	酵 2 5 10
克	音 コク / 訓 —	7	儿	ひとあし にんにょう	打ち勝つ・じゅうぶんに行き届く	克服《こくふく》・克明《こくめい》・克己《こっき》・相克《そうこく》・超克《ちょうこく》	克
獄	音 ゴク / 訓 —	14	犭	けものへん	ろうや・訴え	獄舎《ごくしゃ》・獄中《ごくちゅう》・監獄《かんごく》・疑獄《ぎごく》・地獄《じごく》・脱獄《だつごく》・投獄《とうごく》	獄 5 7 10

ステップ 11

練習問題

1	/24
2	/10
3	/10
4	/24

月　日

1 次の――線の漢字の読みをひらがなで記せ。

1 今年の桜は慌ただしく散った。

2 自分の首を絞めるような行為だ。

3 夏場所では横綱が全勝優勝した。

4 塩分を控えた食事にしよう。

5 理性と感情とが相克している。

6 脱獄犯が空港で捕まった。

7 大慌てで旅行の支度をする。

8 島の生活では、水は命の綱だ。

9 音量を絞ってテレビを見る。

10 高校生の時に硬式野球を始めた。

11 新政党の綱領が公表された。

12 パンの製造に酵母は欠かせない。

13 聞いて極楽、見て地獄

14 若者の心理を克明に描いている。

15 ダイヤモンドは硬い鉱物だ。

16 豆絞りの手ぬぐいを首にかけた。

17 みそは大豆を発酵させて造る。

18 初舞台では生硬さが残っていた。

19 近くに小児科の医院ができた。

20 バスに乗る前に小銭を用意する。

21 部屋に新鮮な空気を入れる。

22 鮮やかな逆転勝利を決める。

23 俳優が現れ、場内は騒然とした。

24 教室で騒ぐのはやめよう。

2 次の漢字と反対または対応する意味を表す漢字を、後の□の中から選んで（　）に入れ、熟語を作れ。

1 濃（　）
2 （　）急
3 官（　）
4 （　）亡
5 取（　）
6 首（　）
7 賢（　）
8 賞（　）
9 （　）実
10 （　）楽

哀・緩・虚・愚・興・捨・淡・罰・尾・民

3 次の（　）内に入る適切な語を、後の□の中から選び、漢字に直して四字熟語を完成せよ。

1 （　）集散
2 （　）自在
3 大器（　）
4 （　）直入
5 （　）一転
6 （　）千万
7 （　）未到
8 一部（　）
9 （　）息災
10 一挙（　）

しじゅう・しょうし・しんき・ぜんじん・たんとう・ばんせい・へんげん・むびょう・りごう・りょうとく

4 次の——線のカタカナを漢字に直せ。

1 華麗な**ツナワタ**りが演じられた。
2 寒さで筋肉が**コウチョク**する。
3 苦手分野に**シボ**って勉強する。
4 遅刻しそうになって**アワ**てた。
5 挙式を**ヒカ**え、準備に忙しい。
6 事業計画の**タイコウ**を発表する。
7 消化を助ける**コウソ**剤を飲む。
8 盗みのかどで**トウゴク**される。
9 彼は**カタ**い表情で出番を待った。
10 難題を**コクフク**して完成させた。
11 政局は**アワ**ただしく動いた。
12 結果からその原因を**オ**し量る。
13 部屋は**シダイ**に暖まってきた。
14 高い売り上げ実績を**ホコ**る。
15 彼女は次期役員**コウホ**の一人だ。
16 暴風警報が**カイジョ**された。
17 マフラーを首に**マ**いて出かける。
18 チョウが花のみつを**ス**っている。
19 友人に弟を**ショウカイ**する。
20 在庫の有無を**ショウカイ**した。
21 武士が国を**オサ**めた時代もある。
22 税を**オサ**めるのは国民の義務だ。
23 学業を**オサ**めて社会に出る。
24 苦学の末、成功を**オサ**めた。

使い分けよう！ **ほしょう【保証・保障】**
保証…例 品質を保証する 保証人 (まちがいがないとうけ合う)
保障…例 権利を保障する 社会保障 (状態や地位を保護する)

ステップ 12

漢字	読み	画数	部首	部首名	漢字の意味	用例
恨	音 コン 訓 うら(む) うら(めしい)	9	忄	りっしんべん	うらむ・くやむ	恨事《こんじ》・遺恨《いこん》・悔恨《かいこん》・痛恨《つうこん》
紺	音 コン 訓 —	11	糸	いとへん	こんいろ	紺色《こんいろ》・紺地《こんじ》・紺青《こんじょう》・紺屋《こんや》《こうや》・紫紺《しこん》・濃紺《のうこん》
魂	音 コン 訓 たましい	14	鬼	おに	たましい・こころ・気持ち	魂胆《こんたん》・商魂《しょうこん》・心魂《しんこん》・精魂《せいこん》・鎮魂《ちんこん》・闘魂《とうこん》・霊魂《れいこん》・和魂漢才《わこんかんさい》
墾	音 コン 訓 —	16	土	つち	たがやす・田畑をひらく	墾田《こんでん》・開墾《かいこん》
債	音 サイ 訓 —	13	亻	にんべん	借りたお金・貸したお金・「債券」の略	債券《さいけん》・債権《さいけん》・債務《さいむ》・公債《こうさい》・国債《こくさい》・社債《しゃさい》・負債《ふさい》
催	音 サイ 訓 もよお(す)	13	亻	にんべん	うながす・もよおす・自然とそうなる	催促《さいそく》・催眠《さいみん》・催涙《さいるい》・開催《かいさい》・共催《きょうさい》・主催《しゅさい》
削	音 サク 訓 けず(る)	9	刂	りっとう	けずる・へらす	削岩機《さくがんき》・削減《さくげん》・削除《さくじょ》・掘削《くっさく》・添削《てんさく》
搾	音 サク 高 訓 しぼ(る)	13	扌	てへん	強くしめつける・しぼる	搾取《さくしゅ》・圧搾《あっさく》・搾《しぼ》りかす・搾《しぼ》り汁《じる》・乳搾《ちちしぼ》り

ステップ 12 練習問題

1	/24
2	/10
3	/10
4	/24

月　日

1 次の——線の漢字の読みをひらがなで記せ。

1 短期間でトンネルを掘削した。（　　）
2 三つ子の魂百まで（　　）
3 苦労して開墾した田畑を守る。（　　）
4 夢にまで見た紫紺の優勝旗だ。（　　）
5 心魂を傾けて制作に取り組んだ。（　　）
6 債権者が支払いを求めてきた。（　　）
7 新聞社が展覧会を主催する。（　　）
8 先生に論文を添削してもらった。（　　）
9 闘魂みなぎる決勝戦だった。（　　）
10 恨めしそうに窓の外をながめた。（　　）
11 分割して債務を返済する。（　　）
12 世界選手権が開催されている。（　　）
13 カッターナイフで鉛筆を削る。（　　）
14 毎朝、母は牛舎で乳を搾る。（　　）
15 とうとう遺恨を晴らす時が来た。（　　）
16 満腹になり、眠気を催した。（　　）
17 境内の木々が紅葉して美しい。（　　）
18 敵の退路を断つ戦法に出た。（　　）
19 列車は程なく東京駅に着く。（　　）
20 客の注文に速やかに対応する。（　　）
21 機内に臨時ニュースが流れた。（　　）
22 これから重要な会議に臨む。（　　）
23 警察は犯人との接触を試みた。（　　）
24 展示品に触ってはならない。（　　）

2

次の——線のカタカナ「**ケイ**」をそれぞれ異なる漢字に直せ。

1 先輩の話に大いに**ケイ**発された。（　　）

2 **ケイ**口《こう》となるも牛後となるなかれ（　　）

3 案内書には筆記用具必**ケイ**とある。（　　）

4 印象派の**ケイ**統に属する画家だ。（　　）

5 彼を師として尊**ケイ**している。（　　）

6 新聞に写真が大きく**ケイ**載された。（　　）

7 外国で貴重な**ケイ**験をした。（　　）

8 **ケイ**法の改正論議が出ている。（　　）

9 お茶を飲みながら休**ケイ**する。（　　）

10 退職を**ケイ**機に田舎に移り住む。（　　）

3

後の［　　］内のひらがなを漢字に直して（　）に入れ、対義語・類義語を作れ。［　　］内のひらがなは一度だけ使い、漢字一字を記せ。

対義語

1 冷遇—（　　）遇

2 極楽—地（　　）

3 追加—（　　）除

4 平野—山（　　）

5 賢明—暗（　　）

類義語

6 借金—負（　　）

7 警護—護（　　）

8 克明—（　　）念

9 節減—（　　）約

10 強硬—強（　　）

いん・えい・がく・ぐ・けん・ごく・さい・さく・たん・ゆう

4 次の――線のカタカナを漢字に直せ。

1 タマシイのこもった歌声が響く。
2 経費のサクゲンが検討された。
3 からあげにレモンをシボった。
4 荒れ地をカイコンし農地にする。
5 日曜日に音楽会がモヨオされた。
6 私をウラむのは筋違いだ。
7 コンイロの背広を着て出勤した。
8 セイコン込めて料理を作る。
9 多額のフサイを抱えている。
10 サイミン術で暗示にかけられた。
11 終盤でツウコンのエラーが出た。
12 この一文はケズったほうがよい。
13 美しい風景を心にキザんだ。
14 チョメイな科学者と対談する。
15 熱烈な鉄道ファンがツドう会だ。
16 技術力がスイジュンに達する。
17 チョウザイされた薬を飲む。
18 机を置くと部屋がテゼマになる。
19 劇団が地方コウエンに出かける。
20 作家のコウエンをききに行く。
21 新人俳優が難役をコウエンした。
22 葉の先から水テキが落ちた。
23 彼とはテキ対する間柄だ。
24 自分の意見を端テキに述べた。

使い分けよう！　しぼる【絞・搾】
絞る…例 タオルを絞る　人数を絞る
（ねじる・範囲を限定する）
搾る…例 乳を搾る　税を搾る
（押し縮めて水分をとる・無理に出させる）

ステップ 7-12

力だめし

第2回

総得点 ／100

評価
A
80点 B
75点 C
70点 D
60点 E

月　日

1 次の――線の漢字の読みをひらがなで記せ。　1×10 ／10

1 目標を掲げて新年度に臨む。
2 身柄が拘置所へ移された。
3 愚かな言動を反省する。
4 相手の顔をじっと凝視した。
5 知恵を絞って打開策を講じた。
6 日ごろのご愛顧に感謝致します。
7 弱みを見せまいと虚勢をはる。
8 精巧に作られた複製品が出回る。
9 偶発的な事故が起きてしまった。
10 他社と提携して競争力を高める。

2 熟語の構成のしかたには次のようなものがある。　1×10 ／10

ア 同じような意味の漢字を重ねたもの（岩石）
イ 反対または対応の意味を表す字を重ねたもの（高低）
ウ 上の字が下の字を修飾しているもの（洋画）
エ 下の字が上の字の目的語・補語になっているもの（着席）
オ 上の字が下の字の意味を打ち消しているもの（非常）

次の熟語は右のア～オのどれにあたるか、一つ選び、記号で記せ。

1 主催
2 休憩
3 捕鯨
4 去就
5 未踏
6 満喫
7 安穏
8 不遇
9 投獄
10 功罪

3

次の――線のカタカナを漢字一字と送りがな（ひらがな）に直せ。

〈例〉問題にコタエル。（答える）

1×10　／10

1 経験不足を努力でオギナウ。（　）

2 西日を受けて壁が赤くソマッた。（　）

3 アワタダシク日々が過ぎた。（　）

4 どんなオドシにも屈しなかった。（　）

5 ケワシイ表情のまま黙り込んだ。（　）

6 新しいやり方をココロミル。（　）

7 師は弟子たちからウヤマワれた。（　）

8 キヨラカナわき水で手を洗う。（　）

9 家計を見直して出費をヘラス。（　）

10 長い髪をゴムで一つにユワエル。（　）

4

次の――線のカタカナにあてはまる漢字をそれぞれのア〜オから一つ選び、記号で記せ。

1×10　／10

1 ケン人も時には間違いをする。（　）

2 今日、学校で身体ケン査がある。（　）

3 ケン約しながら質素に暮らす。（　）

4 父はケン道二段の腕前だ。（　）

（ア 堅　イ 賢　ウ 倹　エ 検　オ 剣）

5 次第に仲間からコ立していった。（　）

6 コ用条件を示して人材をつのる。（　）

7 にじが空に美しいコを描いた。（　）

（ア 弧　イ 孤　ウ 鼓　エ 雇　オ 誇）

8 濃コンのコートがよく似合う。（　）

9 商コンたくましい店主だ。（　）

10 罪に対する悔コンの涙に暮れる。（　）

（ア 恨　イ 困　ウ 紺　エ 墾　オ 魂）

5 次の各文にまちがって使われている同じ読みの漢字が一字ある。上に誤字を、下に正しい漢字を記せ。

2×5　／10

		誤	正
1	この小説家は、時代の風族や個性豊かな人物を細密に表現して人気を博している。	（　）	（　）
2	オーケストラの演奏は、同じ曲でも指棋者により全く違う印象を与える。	（　）	（　）
3	動物愛護法が改正され、動物の逆待や遺棄に対する罰則が強化された。	（　）	（　）
4	決勝戦を目前に控えた選手たちの筋張をコーチは巧みな話術で解きほぐした。	（　）	（　）
5	航空機内で携帯電話などの電子機器を使用すると航行に仕障を来しかねない。	（　）	（　）

6 後の［　］内のひらがなを漢字に直して（　）に入れ、対義語・類義語を作れ。［　］内のひらがなは一度だけ使い、漢字一字を記せ。

1×10　／10

対義語

1 虚像—（　）像
2 債務—債（　）
3 誕生—死（　）
4 優良—（　）悪
5 往復—（　）道

類義語

6 回顧—追（　）
7 決心—覚（　）
8 思案—考（　）
9 計算—（　）定
10 性急—（　）気

［おく・かた・かん・けん・ご・じつ・たん・ぼう・りょ・れつ］

7

文中の四字熟語の――線のカタカナを漢字に直し、二字で記せ。

2×10 ／20

1 事業拡大の**好機トウライ**だ。
2 **喜怒アイラク**を素直に表現する。
3 改革を**タイギ名分**に強行する。
4 彼は**勇猛カカン**に敵と戦った。
5 **牛飲バショク**が続いて胃を壊す。
6 **リュウゲン飛語**に惑わされる。
7 相手に**リロ整然**と抗弁した。
8 自然界は**テキシャ生存**が原則だ。
9 **モンコ開放**政策をとる。
10 **ケイコウ牛後**の教えに従う。

8

次の――線のカタカナを漢字に直せ。

2×10 ／20

1 切り立った**キョウコク**を歩く。
2 兄は記念**コウカ**を集めている。
3 海外での**インキョ**生活を夢見る。
4 **スミ**やかな解決が望まれる。
5 入場者は**ノベ**八千人を記録した。
6 苦手科目の**コクフク**に努める。
7 **キュウケイ**通りの判決が下った。
8 **スンカ**をおしんで勉学にはげむ。
9 **セイイ**を尽くして事にあたる。
10 自作の**ハイク**を色紙に書いた。

漢字表

ステップ 13

漢字	読み	画数	部首	部首名	漢字の意味	用例	筆順
錯	音 サク 訓 ―	16	金	かねへん	まじりあう・混乱する・まちがう	錯誤《さくご》・錯視《さくし》・錯乱《さくらん》・錯覚《さっかく》・交錯《こうさく》・倒錯《とうさく》	錯 錯4 錯 錯8 錯 錯 錯 錯 錯 錯16
撮	音 サツ 訓 と(る)	15	扌	てへん	カメラでうつす・とる・つまむ	撮影《さつえい》・撮要《さつよう》・隠《かく》し撮《と》り	撮 撮 撮 撮7 撮 撮 撮12 撮 撮 撮
擦	音 サツ 訓 す(る) す(れる)	17	扌	てへん	強くこする・さする	擦過傷《さっかしょう》・摩擦《まさつ》・擦《す》り傷《きず》・擦《す》れ違《ちが》い・靴《くつ》擦《ず》れ	擦 擦 擦5 擦 擦9 擦 擦 擦 擦14 擦17
暫	音 ザン 訓 ―	15	日	ひ	しばらく・わずかの間・仮の	暫時《ざんじ》・暫定《ざんてい》	暫 暫5 暫 暫 暫 暫 暫 暫 暫13 暫15
祉	音 シ 訓 ―	8	ネ	しめすへん	さいわい・めぐみ	福祉《ふくし》	祉 祉 祉 祉 祉 祉 祉 祉
施	音 シ セ 高 訓 ほどこ(す)	9	方	ほうへん かたへん	実際におこなう・めぐむ・あたえる	施行《しこう》《せこう》・施策《しさく》・施政《しせい》・施設《しせつ》・施主《せしゅ》・施療《せりょう》・実施《じっし》・布施《ふせ》	施 施 施 施 施 施 施 施 施
諮	音 シ 訓 はか(る)	16	言	ごんべん	上から下に相談する・はかる・問う	諮問《しもん》	諮4 諮6 諮 諮9 諮 諮 諮 諮 諮15 諮
侍	音 ジ 訓 さむらい	8	イ	にんべん	目上の人のそばにつかえる・さむらい	侍医《じい》・侍従《じじゅう》・侍女《じじょ》・近侍《きんじ》・侍所《さむらいどころ》・国侍《くにざむらい》・若侍《わかざむらい》	侍 侍 侍 侍 侍 侍 侍 侍

ステップ 13 練習問題

1	／24
2	／10
3	／10
4	／24

月　日

1 次の——線の漢字の読みをひらがなで記せ。

1 議会の諮問に答申がなされた。（　　）
2 入学試験は来月実施される。（　　）
3 雑踏の中をなんとか擦り抜けた。（　　）
4 昔の法律を概説した撮要本だ。（　　）
5 一時的に錯乱状態におちいった。（　　）
6 出発までは暫時休憩を取ろう。（　　）
7 主君に忠義を尽くした侍だ。（　　）
8 会則の改正を委員会に諮る。（　　）
9 政府が年度内に施策を講じる。（　　）
10 外国にいるような錯覚を起こす。（　　）

11 まめに雑草を抜き、肥料を施す。（　　）
12 自転車で転んで擦過傷を負った。（　　）
13 当面の課題は福祉事業の推進だ。（　　）
14 市営のスポーツ施設を改修した。（　　）
15 侍女が琴《こと》を弾く姿を描いた絵だ。（　　）
16 旅先で名所を巡り、写真を撮る。（　　）
17 知事が施政方針演説を行った。（　　）
18 芸の道を究めることは至難だ。（　　）
19 ウミガメの産卵時期になる。（　　）
20 さびたナイフを念入りに研ぐ。（　　）
21 館内では携帯電話は使えない。（　　）
22 ボランティアに携わっている。（　　）
23 脂肪分の少ない加工乳を飲む。（　　）
24 緊張のあまり脂汗が出てきた。（　　）

2 次の（　）内に入る適切な語を、後の□の中から選び、漢字に直して四字熟語を完成せよ。

1 試行（　　）

2 （　　）同音

3 （　　）令色

4 脚下（　　）

5 （　　）乱神

6 （　　）奮闘

7 千差（　　）

8 （　　）直下

9 縦横（　　）

10 油断（　　）

いく・かいりき・きゅうてん・こうげん・こぐん・さくご・しょうこ・たいてき・ばんべつ・むじん

3 次の漢字の目的語・補語となる漢字を、後の□の中から選んで（　）に入れ、熟語を作れ。

1 喫（　　）

2 養（　　）

3 解（　　）

4 撮（　　）

5 催（　　）

6 訪（　　）

7 棄（　　）

8 脱（　　）

9 被（　　）

10 減（　　）

影・欧・刑・鶏・権・雇・獄・災・茶・眠

4 次の――線のカタカナを漢字に直せ。

1 卒業写真の**サツエイ**が行われた。

2 夢と現実とが**コウサク**する話だ。

3 公共の**フクシ**に寄与してきた。

4 防水加工を**ホドコ**した服を着る。

5 **ジジュウ**は天皇のそばに仕えた。

6 列車が鉄橋の上で**ス**れ違う。

7 庭の花を新しいカメラで**ト**る。

8 **ザンテイ**的に業務を停止した。

9 来月にこの法令が**シコウ**される。

10 刀は**サムライ**の魂といわれた。

11 委員会に**ハカ**り原案を作成する。

12 地図の**シュクシャク**率を調べる。

13 水害で**エイセイ**状態が悪化した。

14 機密情報に接し**ウ**る立場にある。

15 **メンドウ**な仕事は敬遠される。

16 有名な書道家に**デシ**入りする。

17 講師の説明を**シンケン**に聞く。

18 **ヒガン**に先祖の墓参りに行く。

19 友人に自分の**オ**い立ちを語る。

20 日常生活に**シショウ**を来した。

21 交通事故で**シショウ**者が出た。

22 午前中で家事が全て**ス**んだ。

23 この川の水はとても**ス**んでいる。

24 私が**ス**んでいる街には緑が多い。

使い分けよう！ **しもん【試問・諮問】**

試問…例 口頭試問（質問をして知識などを試す）

諮問…例 諮問機関（専門家や特定の機関に意見を求める）

漢字	読み	画数	部首	部首名	漢字の意味	用例
慈	音 ジ 訓 いつく(しむ) 高	13	心	こころ	いつくしむ・あわれむ・親子の情愛	慈愛《じあい》・慈善《じぜん》・慈悲《じひ》・慈父《じふ》・慈母《じぼ》・仁慈《じんじ》
軸	音 ジク 訓 —	12	車	くるまへん	車の心棒・物事の中心・まきもの・かけじく	軸足《じくあし》・掛《か》け軸《じく》・機軸《きじく》・支軸《しじく》・車軸《しゃじく》・主軸《しゅじく》・地軸《ちじく》・横軸《よこじく》
疾	音 シツ 訓 —	10	疒	やまいだれ	やまい・はやい	疾患《しっかん》・疾駆《しっく》・疾走《しっそう》・疾風《しっぷう》・疾病《しっぺい》・悪疾《あくしつ》
湿	音 シツ 訓 しめ(る) しめ(す)	12	氵	さんずい	水けをおびる・しめらせる	湿原《しつげん》・湿潤《しつじゅん》・湿地《しっち》・湿度《しつど》・陰湿《いんしつ》・乾湿《かんしつ》・除湿《じょしつ》・多湿《たしつ》
赦	音 シャ 訓 —	11	赤	あか	罪やあやまちをゆるす・すておく	赦免《しゃめん》・恩赦《おんしゃ》・大赦《たいしゃ》・特赦《とくしゃ》・容赦《ようしゃ》
邪	音 ジャ 訓 —	8	阝	おおざと	よこしまな・害をおよぼすもの	邪悪《じゃあく》・邪険《じゃけん》・邪推《じゃすい》・邪道《じゃどう》・邪念《じゃねん》・邪魔《じゃま》・正邪《せいじゃ》・無邪気《むじゃき》
殊	音 シュ 訓 こと	10	歹	かばねへん いちたへん がつへん	きわだっている・とくに・すぐれている	殊勲《しゅくん》・殊勝《しゅしょう》・特殊《とくしゅ》・殊更《ことさら》・殊《こと》の外《ほか》・殊《こと》に好《この》む
寿	音 ジュ 訓 ことぶき	7	寸	すん	長生きをする・とし・いのち・めでたいこと	寿命《じゅみょう》・喜寿《きじゅ》・長寿《ちょうじゅ》・天寿《てんじゅ》・米寿《べいじゅ》

筆順

ステップ 14

練習問題

1	/24
2	/7
3	/10
4	/24

月　日

1 次の——線の漢字の読みをひらがなで記せ。

1 日本は世界有数の長寿国だ。

2 邪推されて真意が伝わらない。

3 サボテンは多湿の地を好まない。

4 殊の外、試験問題は易しかった。

5 友人の結婚式で寿を述べる。

6 天気も悪く気分も湿りがちだ。

7 恩赦に浴して自由の身となる。

8 母の手紙は慈愛に満ちていた。

9 疾風のように駆け抜けていく。

10 新機軸を盛り込んだ試案だ。

11 邪念を払って執筆に取り組む。

12 年長者の意見を殊勝に聞く。

13 慈善事業のバザーに参加する。

14 湿原には種々の花が咲く。

15 答えを丸暗記するのは邪道だ。

16 食の安全性が危ぶまれている。

17 相手が納得するまで説明した。

18 ワクチンで伝染病を予防する。

19 作業用ロボットを遠隔操作する。

20 薬局は通りを隔てた向こう側だ。

21 飛行機が滑走して飛び立った。

22 階段に滑り止めテープをはる。

23 昨年の冬は異常に寒かった。

24 兄弟でも性格は異なるものだ。

2 次の――線のカタカナにあてはまる漢字をそれぞれのア・イから選び、記号で記せ。

1 祖父は引退後、回**コ**録を出版した。（ア 雇　イ 顧）

2 覚**ゴ**を決めて試合に臨む。（ア 娯　イ 悟）

3 新型ウイルスに**キョウ**威を感じる。（ア 恐　イ 脅）

4 窓を開けて部屋の空気を**カ**える。（ア 換　イ 代）

5 いかにも**キ**まじめな顔つきだ。（ア 黄　イ 生）

6 転んでひざを**ス**りむいた。（ア 擦　イ 刷）

7 庭から花を**ツ**んで飾った。（ア 摘　イ 積）

3 次の――線のところにあてはまる送りがなをひらがなで記せ。

〈例〉意見を述――。（べる）

1 多忙で家庭を顧――暇もない。

2 偶然がよい結果を導――た。

3 自分を責――ことはない。

4 子どもの健――成長を願う。

5 内容が貧――演説だった。

6 ささやかな商――を続けている。

7 年賀状の交換が久――絶える。

8 夫婦で喫茶店を営――でいる。

9 普段から災害に備――ている。

10 政府は輸入規制を緩――方針だ。

4 次の——線のカタカナを漢字に直せ。

1 福祉を政策の**シュジク**とする。
2 梅雨時には**ジョシツ**器が売れる。
3 僧が仏の**ジヒ**の心を説く。
4 **トクシュ**なインクで印刷する。
5 **ムジャキ**な笑顔に心がなごむ。
6 ほら穴の中は**シメ**っている。
7 **ベイジュ**は八十八歳の祝いだ。
8 今年は**コトサラ**、寒さが厳しい。
9 無礼の段はご**ヨウシャ**ください。
10 赤い車が道路を**シッソウ**する。
11 祝いの言葉を**コトブキ**という。
12 仏前でお**キョウ**を唱えている。
13 **ネンレイ**ごとに集計を出した。
14 二人の未来に**サチ**多かれと祈る。
15 道の両側に**ハナゾノ**が広がる。
16 **ゴウイン**な手口に非難が集まる。
17 **サカ**んな拍手で迎えられた。
18 歴史に**イダイ**な功績を残した。
19 **ジコ**の責任において発言する。
20 交差点で自動車の**ジコ**があった。
21 講師の話を**カンケツ**にまとめる。
22 小説は二巻で**カンケツ**している。
23 逃げた犬は草むらの中に**イ**た。
24 彼の矢は的の中心を見事に**イ**た。

使い分けよう! する【刷・擦】
刷る…例 版画を刷る　手刷りの年賀状　(印刷する)
擦る…例 マッチを擦る　擦り傷　(強くこする)

漢字	潤	遵	如	徐	匠	昇	掌	晶
読み	音 ジュン 訓 うるお(う) うるお(す) うる(む)	音 ジュン 訓 —	音 ジョ ニョ 高 訓 —	音 ジョ 訓 —	音 ショウ 訓 —	音 ショウ 訓 のぼ(る)	音 ショウ 訓 —	音 ショウ 訓 —
画数	15	15	6	10	6	8	12	12
部首	氵	辶	女	彳	匚	日	手	日
部首名	さんずい	しんにょう しんにゅう	おんなへん	ぎょうにんべん	はこがまえ	ひ	て	ひ
漢字の意味	水けをふくむ・もうけ・かざる・つやがある	きまりにしたがう	ごとし・様子や状態を表す時につける言葉	ゆっくりと・おもむろに・やすらか	すぐれた技能をもつ人・工夫・おもいつき	上へあがる・のぼらせる	手のひら・つかさどる・受けもつ	きらめく・あきらか・鉱物の規則正しい形
用例	潤滑《じゅんかつ》・潤色《じゅんしょく》・潤沢《じゅんたく》・湿潤《しつじゅん》・浸潤《しんじゅん》・豊潤《ほうじゅん》・利潤《りじゅん》	遵守《じゅんしゅ》・遵法《じゅんぽう》	如才《じょさい》・如実《にょじつ》・如来《にょらい》・欠如《けつじょ》・突如《とつじょ》・不如意《ふにょい》・面目躍如《めんもくやくじょ》《めんぼくやくじょ》	徐行《じょこう》・徐徐《じょじょ》に	意匠《いしょう》・巨匠《きょしょう》・工匠《こうしょう》・師匠《ししょう》・宗匠《そうしょう》・名匠《めいしょう》	昇華《しょうか》・昇格《しょうかく》・昇給《しょうきゅう》・昇降《しょうこう》・昇進《しょうしん》・昇天《しょうてん》・上昇《じょうしょう》	掌握《しょうあく》・掌中《しょうちゅう》・合掌《がっしょう》・車掌《しゃしょう》・職掌《しょくしょう》	液晶《えきしょう》・結晶《けっしょう》・水晶《すいしょう》
筆順	潤(3) 潤 潤 潤(7) 潤 潤 潤(11) 潤 潤 潤(15)	遵(3) 遵(5) 遵(7) 遵 遵 遵 遵 遵 遵(14) 遵	如 如 如 如 如 如	徐 徐 徐 徐 徐 徐 徐 徐 徐 徐	匠 匠 匠 匠 匠 匠	昇 昇 昇 昇 昇 昇 昇 昇	掌 掌 掌 掌 掌 掌(8) 掌 掌 掌 掌	晶 晶 晶 晶 晶 晶 晶(8) 晶(10) 晶 晶

ステップ 15

練習問題

1	/24
2	/10
3	/10
4	/24

月　日

1

次の——線の漢字の読みをひらがなで記せ。

1 量販店で液晶テレビを買った。

2 昇降口で待ち合わせて下校した。

3 ピカソは二十世紀美術の巨匠だ。

4 夏の湿潤な気候は日本の特色だ。

5 人気歌手が突如引退を発表した。

6 はだに潤いがあって若々しい。

7 娘の学業成績は徐々に向上した。

8 健康と幸福を祈って合掌した。

9 潤沢な資金をもとに起業した。

10 趣味を芸術にまで昇華させる。

11 事態をしっかり掌握している。

12 情景が躍如として描かれている。

13 優しい言葉をかけられ目が潤む。

14 彼は俳句の宗匠として有名だ。

15 遵法意識の低下が問題となる。

16 山頂に到達したころ日が昇った。

17 緑の芝生の上でサッカーをする。

18 河川を整備して水害を防ぐ。

19 ガラスの破片が飛び散った。

20 新しい装置を試す実験をした。

21 災難が身に降りかかる。

22 口は災いのもと

23 パソコンのケーブルを延長する。

24 大雨で試合は日延べになった。

2

次の（　）には、――線の漢字の意味を打ち消す漢字が入る。（　）に入る漢字を後の［　］の中から選べ。同じ漢字を何度使ってもよい。

1 事故を（　）**然**に防ぐことは難しい。
2 空には（　）**数**の星が輝いていた。
3 （　）**常**の際には安全装置が働く。
4 シリーズの第九巻以降は（　）**刊**だ。
5 昨晩、とても（　）**吉**な夢を見た。
6 （　）**測**の事態に現場が混乱した。
7 彼は（　）**恥**にも割り込んで乗車した。
8 書類の（　）**備**を上司に指摘される。
9 石油資源は（　）**尽**ではない。
10 （　）**来**のために地球の緑を守る。

［非・不・未・無］

3

次のAとBの漢字を一字ずつ組み合わせて二字の熟語を作れ。Bの漢字は必ず一度だけ使う。また、AとBどちらの漢字が上でもよい。

A

1 虚　2 利　3 敢　4 昇　5 険
6 虐　7 水　8 駆　9 掌　10 陰

B

闘　栄　職　潤　残
湿　邪　晶　格　疾

1（　）　2（　）　3（　）　4（　）　5（　）

6（　）　7（　）　8（　）　9（　）　10（　）

4 次の——線のカタカナを漢字に直せ。

1 風邪で体温が**ジョウショウ**した。
2 雨が庭の草木を**ウルオ**した。
3 管理能力が**ケツジョ**している。
4 雪の**ケッショウ**はとても美しい。
5 **シャショウ**に到着時刻を尋ねる。
6 工作機械に**ジュンカツ**油をさす。
7 雪道を**ジョコウ**運転で進む。
8 交通ルールを**ジュンシュ**しよう。
9 新製品の**イショウ**登録をする。
10 **ウル**んだ目でじっと見つめる。
11 山歩きに**キズグスリ**を持参する。
12 **シュウチ**を集めて対策を練る。

13 仮説の**ムジュン**を指摘される。
14 両国は**メイヤク**を結んでいる。
15 季節に合った**ワガシ**でもてなす。
16 休校を**レンラクモウ**で伝える。
17 建物の柱の**キョウド**を調べる。
18 **キョウド**の古跡を訪ねて歩く。
19 金糸で鮮やかな布を**オ**る。
20 千代紙で千羽づるを**オ**った。
21 泣いている赤ちゃんを背**オ**った。
22 兄は銀行に**ツト**めている。
23 町内会の役員を**ツト**める。
24 山積した問題の解決に**ツト**める。

使い分けよう！ **とる【取・採・執・撮・捕】**

取る…例 責任を取る （広く一般的に用いる）
採る…例 山菜を採る （つみとる・採用する）
執る…例 指揮を執る （扱う） **撮る**…例 写真を撮る （撮影）
捕る…例 飛球を捕る （追いかけて捕まえる）

漢字	読み	画数	部首	部首名	漢字の意味	用例	筆順
焦	音 ショウ 訓 こ(げる) こ(がす) こ(がれる) あせ(る)高	12	灬	れんが れっか	こげる・こがす・いらだつ	焦心《しょうしん》・焦燥《しょうそう》・焦点《しょうてん》・焦土《しょうど》・焦熱《しょうねつ》・焦慮《しょうりょ》・黒焦《くろこ》げ	焦 焦 焦 焦 焦 焦 焦 焦 焦 焦12
衝	音 ショウ 訓 —	15	行	ぎょうがまえ ゆきがまえ	つきあたる・だいじな場所・かなめ	衝撃《しょうげき》・衝動《しょうどう》・衝突《しょうとつ》・緩衝《かんしょう》・折衝《せっしょう》・怒髪衝天《どはつしょうてん》・要衝《ようしょう》	衝2 衝 衝 衝 衝9 衝 衝 衝 衝14 衝
鐘	音 ショウ 訓 かね	20	金	かねへん	つりがね	鐘声《しょうせい》・鐘楼《しょうろう》・警鐘《けいしょう》・半鐘《はんしょう》・晩鐘《ばんしょう》・早鐘《はやがね》・割《わ》れ鐘《がね》	鐘2 鐘4 鐘 鐘8 鐘10 鐘12 鐘 鐘17 鐘 鐘20
冗	音 ジョウ 訓 —	4	冖	わかんむり	むだ・長たらしい・余分な	冗談《じょうだん》・冗長《じょうちょう》・冗費《じょうひ》・冗漫《じょうまん》	冗 冗 冗 冗
嬢	音 ジョウ 訓 —	16	女	おんなへん	むすめ・おとめ	愛嬢《あいじょう》・お嬢《じょう》さん・令嬢《れいじょう》	嬢 嬢 嬢 嬢7 嬢 嬢10 嬢12 嬢 嬢 嬢16
錠	音 ジョウ 訓 —	16	金	かねへん	じょうまえ・平たく丸くかためた薬	錠剤《じょうざい》・錠前《じょうまえ》・施《せ》錠《じょう》・手錠《てじょう》	錠2 錠4 錠 錠8 錠11 錠 錠 錠 錠 錠
譲	音 ジョウ 訓 ゆず(る)	20	言	ごんべん	ゆずりあたえる・へりくだる	譲渡《じょうと》・譲歩《じょうほ》・譲与《じょうよ》・委譲《いじょう》・謙《けん》譲《じょう》・互譲《ごじょう》・分譲《ぶんじょう》・親譲《おやゆず》り	譲9 譲11 譲 譲 譲 譲16 譲 譲 譲 譲
嘱	音 ショク 訓 —	15	口	くちへん	たのむ・いいつける・目をつける	嘱託《しょくたく》・嘱望《しょくぼう》・嘱目《しょくもく》・委嘱《いしょく》	嘱3 嘱5 嘱 嘱 嘱10 嘱 嘱 嘱 嘱 嘱

ステップ 16

練習問題

1	／24
2	／10
3	／10
4	／24

月　日

1 次の——線の漢字の読みをひらがなで記せ。

1 できるだけ冗費を節減する。
2 これ以上譲歩の余地はない。
3 社長令嬢の結婚が決まる。
4 寺の晩鐘の音が響き渡る。
5 与野党間の折衝が続けられた。
6 不利な形勢に焦燥感を覚える。
7 将来の後継者として嘱目される。
8 公共機関に土地を譲渡した。
9 有識者の中から参与を委嘱する。
10 パンを黒焦げにしてしまった。

11 電車でお年寄りに席を譲った。
12 娘の帰国を待ち焦がれる。
13 要領を得ない冗漫な文章だ。
14 社会に衝撃を与えた事件だった。
15 驚きのあまり心臓が早鐘を打つ。
16 粉薬より錠剤の方が飲みやすい。
17 焦心に駆られて席を立った。
18 同窓会で旧友と談笑した。
19 彼は弁舌さわやかに話す。
20 極秘のうちに調査が進められる。
21 都心の私鉄沿線に住んでいる。
22 海沿いの旅館に泊まる。
23 危険を冒して人命を救助する。
24 険しい山道にさしかかる。

2 後の[　]内のひらがなを漢字に直して（　）に入れ、対義語・類義語を作れ。[　]内のひらがなは一度だけ使い、漢字一字を記せ。

対義語

1 断念―（　）着
2 令嬢―令（　）
3 特殊―一（　）
4 簡潔―（　）長
5 保守―（　）新

類義語

6 所持―（　）帯
7 朗報―（　）報
8 豊富―（　）沢
9 不意―突（　）
10 使命―責（　）

かく・きっ・けい・しゅう・じゅん・じょ・じょう・そく・ぱん・む

3 次の――線のカタカナ「**コウ**」をそれぞれ異なる漢字に直せ。

1 犯人は既に**コウ**禁されたようだ。（　）
2 相手は態度を**コウ**化させた。（　）
3 二人で**コウ**妙な作戦を練り上げた。（　）
4 党の**コウ**領を策定し、政策を示す。（　）
5 大都市の近**コウ**に住宅街が広がる。（　）
6 鉱山の地下深くまで**コウ**道が続く。（　）
7 麦芽を発**コウ**させてビールを造る。（　）
8 規約に新しい条**コウ**を加える。（　）
9 古代中国には**コウ**骨文字があった。（　）
10 多くの植物は気**コウ**から蒸散する。（　）

4 次の——線のカタカナを漢字に直せ。

1 洋服のショウドウ買いを慎む。

2 玄関のジョウマエが壊れた。

3 火事を告げるハンショウが鳴る。

4 全財産を息子にジョウヨした。

5 ジョウダンを言って笑わせる。

6 感じのいいおジョウさんだ。

7 議論のショウテンがぼやけた。

8 寺のカネを定時につく。

9 社交的な性格はオヤユズりだ。

10 前途をショクボウされる新人だ。

11 天をコがすような大火だった。

12 この島をオトズれる人は少ない。

13 クち果てた古民家を再生させる。

14 人にムリジいしてはならない。

15 互いを目のカタキにしている。

16 エの長いひしゃくで水をすくう。

17 相手をウヤマう心が大切だ。

18 政府がボウメイ者を受け入れた。

19 従来のやり方をトウシュウする。

20 飛行機が次第にコウカを始めた。

21 薬のコウカはすぐに現れた。

22 店内にはコウカな宝石が並ぶ。

23 母のおトモをして旅行に行く。

24 広場で弟とトモに遊ぶ。

使い分けよう！ **おさめる【収・納・治・修】**

収める…例 成功を収める 目録に収める （取り込む）

納める…例 税を納める 注文の品を納める （納入する）

治める…例 国を治める 領地を治める （うまくしずめる）

修める…例 学問を修める 身を修める （身につける）

漢字	読み	画数	部首	部首名	漢字の意味	用例	筆順
辱	音 ジョク 訓 はずかし(める)高	10	辰	しんのたつ	はじをかかせる・かたじけない	汚辱《おじょく》・屈辱《くつじょく》・雪辱《せつじょく》・恥辱《ちじょく》・侮辱《ぶじょく》・辱《はずかし》めを受《う》ける	辱 辱 辱 辱 辱 辱 辱 辱 辱 辱
伸	音 シン 訓 の(びる) の(ばす) の(べる)	7	亻	にんべん	のびる・のばす・のべる	伸縮《しんしゅく》・伸長《しんちょう》・伸張《しんちょう》・伸展《しんてん》・屈伸《くっしん》・追伸《ついしん》・背伸《せの》び	伸 伸 伸 伸 伸 伸 伸
辛	音 シン 訓 から(い)	7	辛	からい	つらい・からい味・かろうじて	辛気《しんき》・辛苦《しんく》・辛酸《しんさん》・辛勝《しんしょう》・辛抱《しんぼう》・香辛料《こうしんりょう》・辛《かろ》うじて	辛 辛 辛 辛 辛 辛 辛
審	音 シン 訓 ——	15	宀	うかんむり	くわしい・ただす・判定する	審議《しんぎ》・審査《しんさ》・審判《しんぱん》・審美眼《しんびがん》・審理《しんり》・球審《きゅうしん》・再審《さいしん》・不審《ふしん》	審3 審 審6 審 審 審 審 審12 審 審15
炊	音 スイ 訓 た(く)	8	火	ひへん	たく・熱を加えて料理をする	炊事《すいじ》・炊飯器《すいはんき》・自炊《じすい》・雑炊《ぞうすい》・炊《た》き出《だ》し・煮炊《にた》き・飯炊《めした》き	炊 炊 炊 炊 炊 炊 炊 炊
粋	音 スイ 訓 いき	10	米	こめへん	まじりけがない・すぐれている・いき	粋狂《すいきょう》・粋人《すいじん》・国粋《こくすい》・純粋《じゅんすい》・精粋《せいすい》・抜粋《ばっすい》・不粋《ぶすい》・無粋《ぶすい》	粋 粋 粋 粋 粋 粋 粋 粋 粋 粋
衰	音 スイ 訓 おとろ(える)	10	衣	ころも	おとろえる・よわる	衰弱《すいじゃく》・衰退《すいたい》・衰微《すいび》・衰亡《すいぼう》・盛衰《せいすい》・老衰《ろうすい》・体力《たいりょく》が衰《おとろ》える	衰 衰 衰 衰 衰 衰 衰 衰 衰 衰
酔	音 スイ 訓 よ(う)	11	酉	とりへん	酒によう・心をうばわれる	酔漢《すいかん》・酔眼《すいがん》・酔狂《すいきょう》・酔生夢死《すいせいむし》・心酔《しんすい》・麻酔《ますい》・船酔《ふなよ》い	酔2 酔 酔 酔 酔 酔 酔 酔 酔 酔

ステップ 17 練習問題

1	/24
2	/10
3	/10
4	/24

月　日

1 次の——線の漢字の読みをひらがなで記せ。

1 全国大会の一回戦は辛勝だった。
2 母から煮炊きのこつを教わる。
3 新製品の売り上げが伸びてきた。
4 資料から必要な部分を抜粋する。
5 カニの雑炊に舌つづみを打つ。
6 高熱が続き衰弱が激しい。
7 風流を解さない無粋な態度だ。
8 彼女の審美眼は相当なものだ。
9 初めての船旅で酔ってしまった。
10 こんな恥辱を受けるとは心外だ。
11 その店の辛い味つけは好評だ。
12 世間には酔狂な人もいるものだ。
13 学力の伸長が目覚ましい。
14 いくらか雨脚が衰えてきた。
15 困っている人に手を差し伸べる。
16 店主の粋なはからいに感激した。
17 地下水の汚染が深刻化している。
18 省みて恥じるところはない。
19 頂上は厚い雪におおわれていた。
20 山の頂から大声で叫んだ。
21 予定を即刻実行に移した。
22 包丁で野菜を細かく刻む。
23 よい商品を低価格で提供する。
24 仏前にお供えする菓子を買う。

2

次の――線のカタカナを漢字一字と送りがな（ひらがな）に直せ。

〈例〉問題に**コタエル**。（答える）

1 儀式が**オゴソカニ**執り行われた。（　　）

2 熱い思いを胸に**ヒメル**。（　　）

3 雨が降って大地が**ウルオウ**。（　　）

4 周囲の忠告に**サカラウ**。（　　）

5 熱湯を少し**サマシ**て茶をいれる。（　　）

6 健康に害を**オヨボス**成分だ。（　　）

7 炊けたご飯をしばらく**ムラス**。（　　）

8 思ったより**ヤサシイ**問題だった。（　　）

9 高台に新居を**カマエル**。（　　）

10 手の**ホドコシ**ようがない惨事だ。（　　）

3

次の（　）内に入る適切な語を、後の□の中から選び、漢字に直して四字熟語を完成せよ。

1 （　　）四温

2 不老（　　）

3 博学（　　）

4 大同（　　）

5 破顔（　　）

6 （　　）専行

7 針小（　　）

8 事実（　　）

9 我田（　　）

10 疑心（　　）

あんき・いっしょう・いんすい・さんかん・しょうい・たさい・ちょうじゅ・どくだん・ぼうだい・むこん

4 次の――線のカタカナを漢字に直せ。

1 モネの絵画に**シンスイ**している。（　　）
2 体力の**オトロ**えを感じる。（　　）
3 大家族の**スイジ**を一人でこなす。（　　）
4 **クツジョク**的な扱いを受けた。（　　）
5 アイロンを掛けてしわを**ノ**ばす。（　　）
6 野球の**シンパン**員の資格を取る。（　　）
7 **コウシンリョウ**を加えて煮込む。（　　）
8 ご飯がおいしく**タ**き上がった。（　　）
9 愛犬が**ロウスイ**で弱っている。（　　）
10 技術の**スイ**を集めて設計する。（　　）
11 素晴らしい演奏に**ヨ**いしれる。（　　）
12 **シンシュク**自在の物干しざおだ。（　　）

13 発車時刻に**カロ**うじて間に合う。（　　）
14 **テッペキ**の守備を誇るチームだ。（　　）
15 費用の一部を**フタン**する。（　　）
16 再建の**メンミツ**な計画を立てる。（　　）
17 建物の**タイシン**強度を算出する。（　　）
18 古都で日本の美を**サグ**る。（　　）
19 十分に**ナットク**して加入する。（　　）
20 議案を**シンチョウ**に検討する。（　　）
21 体育祭は雨で**チュウシ**になった。（　　）
22 市場の動向を**チュウシ**する。（　　）
23 天地**ソウゾウ**の神話を読む。（　　）
24 将来の自分を**ソウゾウ**してみる。（　　）

部首をまちがえやすい漢字

Q…次の漢字の部首は？　①辛　②幹　③率

A…①辛（からい）　②干（かん・いちじゅう）　③玄（げん）

それぞれの部首を「十」と、また、「辛」は「立」、「幹」は「卓」、「率」は「亠」とまちがえないように注意しましょう。

漢字	遂	穂	随	髄	瀬	牲	婿	請
読み	音 スイ 訓 と(げる)	音 スイ 高 訓 ほ	音 ズイ 訓 —	音 ズイ 訓 —	音 — 訓 せ	音 セイ 訓 —	音 セイ 高 訓 むこ	音 セイ シン 高 訓 こ(う) 高 う(ける) 高
画数	12	15	12	19	19	9	12	15
部首	⻍	禾	阝	骨	氵	牛	女	言
部首名	しんにょう しんにゅう	のぎへん	こざとへん	ほねへん	さんずい	うしへん	おんなへん	ごんべん
漢字の意味	やりとおす・ついに	イネやムギなどのほ・	ついていく・気のむくままに	骨や植物の茎《くき》の中心部・物事の中心	浅くて流れの急な所・機会・場合・立場	神に供える動物・いけにえ	むこ・おとこ	ねがいもとめる・ひきうける
用例	遂行《すいこう》・完遂《かんすい》・未遂《みすい》・目的《もくてき》を遂《と》げる	穂状《すいじょう》・出穂期《しゅっすいき》・穂先《ほさき》・穂波《ほなみ》・稲穂《いなほ》・落《お》ち穂《ぼ》	随意《ずいい》・随員《ずいいん》・随行《ずいこう》・随時《ずいじ》・随伴《ずいはん》・随筆《ずいひつ》・追随《ついずい》・付随《ふずい》	骨髄《こつずい》・心髄《しんずい》・神髄《しんずい》・真髄《しんずい》・精髄《せいずい》・脳髄《のうずい》	瀬音《せおと》・瀬戸物《せともの》・瀬踏《せぶ》み・浅瀬《あさせ》・早瀬《はやせ》・立《た》つ瀬《せ》がない	犠牲《ぎせい》	女婿《じょせい》・婿取《むこと》り・婿養子《むこようし》・花婿《はなむこ》・娘婿《むすめむこ》	請願《せいがん》・請求《せいきゅう》・申請《しんせい》・要請《ようせい》・普請《ふしん》・請負《うけおい》・下請《したう》け
筆順	遂2 遂 遂 遂 遂7 遂 遂 遂 遂 遂	穂2 穂 穂5 穂 穂 穂 穂10 穂 穂13 穂15	随 随 随 随 随 随 随 随9 随11 随	髄2 髄 髄 髄6 髄10 髄 髄 髄16 髄18 髄	瀬3 瀬6 瀬 瀬 瀬10 瀬 瀬 瀬14 瀬17 瀬19	牲 牲 牲 牲 牲 牲 牲 牲 牲	婿 婿 婿 婿 婿 婿 婿8 婿 婿 婿12	請 請4 請7 請 請 請 請 請 請 請15

ステップ 18

練習問題

1 /24
2 /10
3 /7
4 /24

月　日

1 次の――線の漢字の読みをひらがなで記せ。

1 ビル建設工事の請負契約を結ぶ。
2 いずれ娘婿に店を譲るつもりだ。
3 すずやかな瀬音に耳を澄ました。
4 彼は安請け合いするので困る。
5 話芸の神髄に触れた心地がする。
6 随時予約を受け付けています。
7 長年の思いを遂げて結婚した。
8 ネコが草の穂先にじゃれている。
9 他の追随を許さない秀作だ。
10 与えられた任務を完遂する。
11 姉は骨髄バンクに登録している。
12 渡航のためのビザを申請する。
13 相手の出方を瀬踏みしてみる。
14 全員の協力があれば遂行可能だ。
15 市議会に出す請願書に署名する。
16 犠牲者を増やしてはならない。
17 脳髄は全身の神経を支配する。
18 祭りには近郷の人々も集まった。
19 二人は店内で声高に話していた。
20 重いトランクを手に提げている。
21 県を南北に縦貫する道路だ。
22 一本の矢が的を貫いた。
23 この地方には兼業農家が多い。
24 現在二つの役員を兼ねている。

2 次の各組の熟語が対義語の関係になるように、（　）に入る漢字を後の［　］の中から選べ。

1 違反―（　）守
2 愛護―（　）待
3 悪化―（　）転
4 連帯―（　）立
5 質素―豪（　）
6 強情―（　）順
7 短命―長（　）
8 降下―上（　）
9 加盟―（　）退
10 攻撃―防（　）

［華・虐・御・孤・好・寿・従・遵・昇・脱］

3 次の――線のカタカナにあてはまる漢字をそれぞれのア・イから選び、記号で記せ。

1 何事にも**シン**抱が肝心だと思う。（ア 辛　イ 審）（　）
2 **ジュン**法の精神を育もう。（ア 遵　イ 潤）（　）
3 **ジ**愛のまなざしで娘を見つめた。（ア 慈　イ 侍）（　）
4 部屋に**シッ**気がこもっている。（ア 疾　イ 湿）（　）
5 互いに**ジョウ**歩して合意に達した。（ア 譲　イ 嬢）（　）
6 髪を肩まで**ノ**ばしている。（ア 延　イ 伸）（　）
7 証明写真を何度も**ト**り直した。（ア 撮　イ 取）（　）

4 次の——線のカタカナを漢字に直せ。

1 犯行計画は**ミスイ**に終わった。
2 ご**ズイイ**にお持ち帰りください。
3 多くの**ギセイ**を払って完成した。
4 一面の**イナホ**が波打っている。
5 諸団体に援助を**ヨウセイ**した。
6 **アサセ**を探して向こう岸に渡る。
7 目的を**ト**げるまで力を尽くす。
8 大企業の**シタウ**けをする工場だ。
9 今年、一人娘に**ムコ**を迎える。
10 日本文化の**セイズイ**を究める。
11 困難な問題を解決に**ミチビ**いた。
12 情報の出所を必ず**カクニン**する。
13 彼の才能は**テンプ**のものだ。
14 **モヨ**りの駅まで自転車で向かう。
15 **ワタクシゴト**で会合を早退する。
16 **カンキョウ**の変化に順応する。
17 大**シキュウ**で現場に駆けつけた。
18 交通費が別途**シキュウ**された。
19 **セイカ**工場に甘い香りが広がる。
20 **セイカ**隊の合唱に聞きほれる。
21 誠実さが彼の**セイカ**を高めた。
22 秋の夜、虫の**ネ**が聞こえてきた。
23 春に植えた草花が**ネ**を下ろした。
24 ガソリンの**ネ**がどんどん上がる。

使い分けよう! **のばす【伸・延】**

伸ばす…例 手足を伸ばす　髪を伸ばす　学力を伸ばす
(まっすぐになる・能力などを高める)

延ばす…例 出発を延ばす　地下鉄を郊外まで延ばす
(延期する・延長する・広げる)

ステップ 13-18

力だめし 第3回

総得点 /100

評価
A
80点 B
75点 C
70点 D
60点 E

月　日

1 次の――線の漢字の読みをひらがなで記せ。 1×10 /10

1 雄大な草原を馬で疾駆する。
2 企画の採否を会議に諮る。
3 強風のため列車は徐行している。
4 目の錯覚を利用しただまし絵だ。
5 緊急に暫定予算が組まれる。
6 冷たい水でのどを潤した。
7 負傷者に治療が施される。
8 割れ物を緩衝材で包んで送る。
9 使節団の随員として出発する。
10 関係者に協力を要請した。

2 次の漢字の中で一つだけ他の漢字とは部首が異なるものがある。その漢字の記号を記せ。 1×10 /10

1 〔ア 寿　イ 導　ウ 耐　エ 対　オ 専〕
2 〔ア 軸　イ 軌　ウ 撃　エ 較　オ 輪〕
3 〔ア 暮　イ 暫　ウ 暦　エ 普　オ 香〕
4 〔ア 化　イ 仏　ウ 催　エ 侍　オ 付〕
5 〔ア 旅　イ 旗　ウ 放　エ 族　オ 施〕
6 〔ア 坑　イ 抗　ウ 域　エ 坂　オ 坊〕
7 〔ア 負　イ 責　ウ 貴　エ 員　オ 賢〕
8 〔ア 称　イ 穀　ウ 穏　エ 利　オ 穂〕
9 〔ア 詠　イ 譲　ウ 該　エ 認　オ 獄〕
10 〔ア 列　イ 残　ウ 殖　エ 殊　オ 死〕

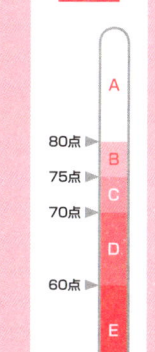

3 次の――線のカタカナ「スイ」をそれぞれ別の漢字に直せ。

1×10 ／10

1 彼はスイ生夢死の一生を送った。（　　）
2 論文から一部を抜スイする。（　　）
3 スイ飯器のスイッチを入れる。（　　）
4 役所でスイ納係をしている。（　　）
5 任務をスイ行して帰国した。（　　）
6 スイ奏楽部の演奏をきく。（　　）
7 地方経済のスイ退が危ぶまれる。（　　）
8 スイ平線に日が沈む。（　　）
9 三角形の頂点からスイ線を引く。（　　）
10 化石から地層の年代をスイ定する。（　　）

---

4 次の（　）には、――線の漢字の意味を打ち消す漢字が入る。（　）に入る漢字を後の［　］の中から選べ。同じ漢字を何度使ってもよい。

1×10 ／10

1 （　）為に一日を過ごす。
2 今年の夏は（　）常に蒸し暑い。
3 十八歳（　）満は立ち入り禁止だ。
4 （　）開の土地を探検する。
5 （　）審な点を指摘する。
6 自分の（　）熟さを思い知った。
7 （　）慮の事故にあい、けがをした。
8 数え切れないほど（　）量にある。
9 財産目当ての（　）純な動機があった。
10 会議の終了《しゅうりょう》時間は（　）定だ。

非・不・未・無

5

次の各文にまちがって使われている同じ読みの漢字が一字ある。上に誤字を、下に正しい漢字を記せ。

2×5 ／10

	文	誤	正
1	生活の中で浴びる電慈波が健康に与える影響を心配する人が増えている。	（　）	（　）
2	学校で行われるクラス対抗の合晶コンクールで優勝するために、練習を積んでいる。	（　）	（　）
3	筋力が退化すると、背筋の延びた美しい姿勢を維持するのが困難になる。	（　）	（　）
4	全委員の出席のもと、選考会で慎長に審査がなされ、受賞者が決められた。	（　）	（　）
5	建設予定の誤楽施設の屋上に太陽熱を集積する装置をつけることを要望する。	（　）	（　）

6

後の［　］内のひらがなを漢字に直して（　）に入れ、対義語・類義語を作れ。［　］内のひらがなは一度だけ使い、漢字一字を記せ。

1×10 ／10

対義語

1 諮問―（　）申
2 栄誉―恥（　）
3 弟子―師（　）
4 故意―過（　）
5 寒冷―温（　）

類義語

6 困苦―（　）酸
7 華美―（　）手
8 将来―前（　）
9 音信―消（　）
10 期待―（　）望

しつ・しょう・しょく・じょく・しん・そく・だん・と・とう・は

7

次の（　）内に入る適切な語を、後の［　］の中から選び、漢字に直して四字熟語を完成せよ。

2×10　／20

1 （　　）異夢

2 昼夜（　　）

3 有名（　　）

4 面目（　　）

5 自画（　　）

6 （　　）強記

7 （　　）衝天

8 悪口（　　）

9 （　　）弱行

10 異端（　　）

いき・けんこう・じさん・じゃせつ・ぞうごん・どうしょう・はくし・はくらん・むじつ・やくじょ

8

次の――線のカタカナを漢字に直せ。

2×10　／20

1 **コウフン**して大声を出した。（　　）

2 悪事の**カタボウ**をかつぐ。（　　）

3 けが人を手厚く**カイホウ**する。（　　）

4 **ホガ**らかに晴れ渡った空だ。（　　）

5 部長への**ショウシン**が内定した。（　　）

6 怖い夢を見て**ネアセ**をかいた。（　　）

7 **フクツウ**で会合を欠席した。（　　）

8 かばんの持ち手が**ス**り切れた。（　　）

9 今日は暑い上に**シツド**も高い。（　　）

10 **ジョウチョウ**な文章を書き直す。（　　）

漢字	読み	画数	部首	部首名	漢字の意味	用例	筆順
斥	音 セキ 訓 —	5	斤	きん	しりぞける・様子をさぐる	斥候《せっこう》・排斥《はいせき》	斥 斥 斥 斥 斥
隻	音 セキ 訓 —	10	隹	ふるとり	一つ・かたわれ・ふねを数える言葉	隻手《せきしゅ》・一隻《いっせき》・数隻《すうせき》・片言隻語《へんげんせきご》	隻 隻 隻 隻 隻 隻 隻 隻 隻 隻
惜	音 セキ 訓 お(しい) お(しむ)	11	忄	りっしんべん	残念に思う・おしい・だいじにする	惜春《せきしゅん》・惜敗《せきはい》・惜別《せきべつ》・哀惜《あいせき》・愛惜《あいせき》・痛惜《つうせき》・負《ま》け惜《お》しみ	惜 惜 惜 惜 惜 惜 惜 惜 惜 惜11
籍	音 セキ 訓 —	20	⺮	たけかんむり	書物・戸籍・団体の一員に属していること	移籍《いせき》・学籍《がくせき》・戸籍《こせき》・国籍《こくせき》・書籍《しょせき》・除籍《じょせき》・入籍《にゅうせき》・本籍《ほんせき》	籍3 籍6 籍9 籍 籍 籍 籍 籍15 籍 籍20
摂	音 セツ 訓 —	13	扌	てへん	とりいれる・代わっておこなう・やしなう	摂関《せっかん》・摂氏《せっし》・摂取《せっしゅ》・摂政《せっしょう》・摂生《せっせい》・摂理《せつり》	摂 摂 摂4 摂 摂8 摂 摂 摂 摂 摂
潜	音 セン 訓 ひそ(む) もぐ(る)	15	氵	さんずい	水中にもぐる・かくれる・心をおちつける	潜航《せんこう》・潜在《せんざい》・潜水《せんすい》・潜入《せんにゅう》・潜伏《せんぷく》・沈潜《ちんせん》・鳴《な》りを潜《ひそ》める	潜3 潜5 潜 潜 潜9 潜11 潜 潜 潜 潜
繕	音 ゼン 訓 つくろ(う)	18	糸	いとへん	つくろう・なおす	営繕《えいぜん》・修繕《しゅうぜん》・身繕《みづくろ》い・世間体《せけんてい》を繕《つくろ》う	繕6 繕8 繕11 繕 繕 繕 繕 繕 繕 繕
阻	音 ソ 訓 はば(む) 高	8	阝	こざとへん	けわしい・はばむ・へだたり	阻害《そがい》・阻止《そし》・意気阻喪《いきそそう》・険阻《けんそ》	阻 阻 阻 阻 阻 阻 阻 阻
措	音 ソ 訓 —	11	扌	てへん	しまつをつける・ふるまい・おく	措辞《そじ》・措置《そち》・挙措《きょそ》	措 措 措 措 措6 措 措 措 措 措

ステップ 19

練習問題

1	／24
2	／10
3	／10
4	／24

月　日

1 次の――線の漢字の読みをひらがなで記せ。

1 相手の三連勝を必死で阻止した。（　　）
2 県の営繕課が管理する建物だ。（　　）
3 子どもの潜在能力を引き出す。（　　）
4 敵の様子を探る斥候を出す。（　　）
5 遺族に対し深い哀惜の意を表す。（　　）
6 結婚して親の戸籍から抜ける。（　　）
7 豪華客船が数隻停泊している。（　　）
8 食事に留意し摂生に努めている。（　　）
9 人の気配がしたので声を潜めた。（　　）
10 健闘むなしく惜敗した。（　　）

11 仏像に関する書籍を買い求める。（　　）
12 このまま別れるのは名残惜しい。（　　）
13 汚れた川に潜ってはならない。（　　）
14 巧みに言い繕って追及をかわす。（　　）
15 険阻な山の頂上に築かれた城だ。（　　）
16 突発的な出来事に挙措を失った。（　　）
17 潮の干上がった海岸を散歩した。（　　）
18 各国の首相が一堂に会した。（　　）
19 証文を胸先に突きつけられる。（　　）
20 剣術の修行のために道場に通う。（　　）
21 図書館で雑誌の書架を探す。（　　）
22 小川に丸太の橋を架け渡す。（　　）
23 家族旅行の企画を練っている。（　　）
24 名門ホテルの買収を企てる。（　　）

2 熟語の構成のしかたには次のようなものがある。

ア　同じような意味の漢字を重ねたもの（岩石）
イ　反対または対応の意味を表す字を重ねたもの（高低）
ウ　上の字が下の字を修飾しているもの（洋画）
エ　下の字が上の字の目的語・補語になっているもの（着席）
オ　上の字が下の字の意味を打ち消しているもの（非常）

次の熟語は右のア～オのどれにあたるか、一つ選び、記号で記せ。

1　徐行（　　）
2　炊飯（　　）
3　盛衰（　　）
4　乾湿（　　）
5　未遂（　　）

6　不粋（　　）
7　惜別（　　）
8　暫定（　　）
9　摂取（　　）
10　屈伸（　　）

3 文中の四字熟語の――線のカタカナを漢字に直し、二字で記せ。

1　約束を破るとは言語ドウダンだ。（　　）
2　千載イチグウの好機をつかむ。（　　）
3　ゼント有望な新人が登場した。（　　）
4　ドハツ衝天の形相にたじろぐ。（　　）
5　姉の寝坊は日常サハンのことだ。（　　）
6　長年の疑いが雲散ムショウした。（　　）
7　粒粒シンクの末、成功する。（　　）
8　温故チシンの精神で古典を学ぶ。（　　）
9　行雲リュウスイの旅に出る。（　　）
10　社長自らソッセン垂範する。（　　）

4 次の——線のカタカナを漢字に直せ。

1 **センスイ**艇《てい》で海底を調査する。
2 壊れた屋根を**シュウゼン**した。
3 ビタミンを十分に**セッシュ**する。
4 暴力表現の排《はい》**セキ**運動が起こる。
5 閉店に**セキベツ**の声が相次いだ。
6 海女《あま》が海に**モグ**って貝を採る。
7 会社の発展を**ソガイ**する行為だ。
8 祖母が**ツクロ**い物をしている。
9 思いがけない力が**ヒソ**んでいた。
10 他球団への**イセキ**が決まる。
11 寝る間も**オ**しんで働いた。
12 三**セキ**の貨物船が帰港した。
13 暫定**ソチ**が講じられる見通しだ。
14 母の**ユイゴン**を兄弟に伝える。
15 妹は泣き虫で**イクジ**がない。
16 **トウゲ**を越えて山頂に至る。
17 親の言いつけに初めて**ソム**いた。
18 **ジギ**に等しい愚かな行為だ。
19 尊敬する画家に長年**シジ**した。
20 先輩の**シジ**に従って行動する。
21 自分が**シジ**する政党に投票する。
22 心に浮かんだ言葉を書き**ト**める。
23 息を**ト**めて、じっと隠れていた。
24 **ト**める人も貧しい人もいる。

明鏡止水（めいきょうしすい）
「邪念がなくすっきりと澄みきった心境」を表す四字熟語です。「明鏡」は一点のくもりもないきれいな鏡、「止水」は静止して澄みきった水を意味しています。
例：明鏡止水の境地に達した。

漢字	読み	画数	部首	部首名	漢字の意味	用例
粗	音 ソ 訓 あら(い)	11	米	こめへん	あらい・そまつ・へりくだっていう言葉	粗雑《そざつ》・粗食《そしょく》・粗相《そそう》・粗暴《そぼう》・粗末《そまつ》・粗野《そや》・粗略《そりゃく》・精粗《せいそ》
礎	音 ソ 訓 いしずえ 高	18	石	いしへん	いしずえ・物事のもと	礎材《そざい》・礎石《そせき》・基礎《きそ》・定礎《ていそ》・礎《いしずえ》を築《きず》く
双	音 ソウ 訓 ふた	4	又	また	二つ・対《つい》・ならぶ	双眼鏡《そうがんきょう》・双肩《そうけん》・双方《そうほう》・一双《いっそう》・無双《むそう》・双子《ふたご》・双葉《ふたば》
桑	音 ソウ 高 訓 くわ	10	木	き	植物のクワ	桑園《そうえん》・桑畑《くわばたけ》
掃	音 ソウ 訓 は(く)	11	扌	てへん	きれいにする・とり除く・おいはらう	掃除《そうじ》・掃射《そうしゃ》・掃討《そうとう》・一掃《いっそう》・清掃《せいそう》・掃《は》いて捨《す》てるほど
葬	音 ソウ 訓 ほうむ(る) 高	12	艹	くさかんむり	ほうむる・とむらい・葬式のこと	葬儀《そうぎ》・葬列《そうれつ》・火葬《かそう》・会葬《かいそう》・冠婚葬祭《かんこんそうさい》・副葬品《ふくそうひん》・埋葬《まいそう》
遭	音 ソウ 訓 あ(う)	14	辶	しんにょう しんにゅう	めぐりあう・でくわす	遭遇《そうぐう》・遭難《そうなん》・災難《さいなん》に遭《あ》う・不《ふ》意《い》打《う》ちに遭《あ》う
憎	音 ゾウ 訓 にく(む) にく(い) にく(らしい) にく(しみ)	14	忄	りっしんべん	にくむ・きらう	憎悪《ぞうお》・愛憎《あいぞう》・憎《にく》まれ役《やく》・憎憎《にくにく》しい・心憎《こころにく》い

筆順

ステップ 20

練習問題

1	/24
2	/10
3	/10
4	/24

月　日

1 次の――線の漢字の読みをひらがなで記せ。

1 ビルの清掃を業者に依頼する。（　）
2 調停役として双方の意見を聞く。（　）
3 目の粗いくしで髪をとかした。（　）
4 草むらに残る礎石が歴史を語る。（　）
5 小さな双葉がやっと顔を出した。（　）
6 葬儀はしめやかに行われた。（　）
7 食べ物を粗末にしてはいけない。（　）
8 桑の葉は蚕の飼料となる。（　）
9 旅先で思わぬ事件に遭遇した。（　）
10 親子の愛憎を軸に小説を書いた。（　）
11 盗難に遭い、貴重品を失った。（　）
12 家の前を毎日ほうきで掃く。（　）
13 粗削りだが味のある文章だ。（　）
14 彼の心憎い気遣いに母は喜んだ。（　）
15 客に粗相のないように気を配る。（　）
16 新しい抗がん剤が認可された。（　）
17 記者の質問に口を固く閉ざした。（　）
18 浅薄な知識をさらし恥をかいた。（　）
19 ロココ様式の華美な装飾だ。（　）
20 役者として華華しく活躍した。（　）
21 まろやかで豊潤な香りの酒だ。（　）
22 街の明かりが潤んで見えた。（　）
23 研究に沈潜する日々を送る。（　）
24 文中に潜む真意をくみ取る。（　）

2

次の各組の熟語が対義語の関係になるように、（　）に入る漢字を後の[　]の中から選べ。

1 丁重—（　）略

2 破損—修（　）

3 起床—就（　）

4 辛勝—（　）敗

5 助長—（　）害

6 繁栄—（　）微

7 定例—（　）時

8 応答—質（　）

9 拡大—（　）小

10 必然—（　）然

疑・偶・縮・寝・衰・惜・繕・阻・粗・臨

3

次の——線のカタカナ「ショウ」をそれぞれ異なる漢字に直せ。

1 言葉に表せない**ショウ**撃を受けた。（　）

2 これは風景画の巨**ショウ**の作品だ。（　）

3 乱れた世に警**ショウ**を鳴らす。（　）

4 受賞は長年の努力の結**ショウ**だ。（　）

5 連絡が途絶え**ショウ**慮に駆られた。（　）

6 口元に微**ショウ**を浮かべる。（　）

7 実権をほぼ**ショウ**中に収めた。（　）

8 合**ショウ**団で指揮者を務める。（　）

9 やっと無実を**ショウ**明できた。（　）

10 人事異動で管理職に**ショウ**格した。（　）

4 次の——線のカタカナを漢字に直せ。

1 暴力に対して強い**ゾウ**悪《お》を抱く。

2 **ソウナン**の報に家族が急行した。

3 週末に部屋の大**ソウジ**をした。

4 **ソシナ**ですが、お納めください。

5 会社経営の**キソ**を確実に固める。

6 近年**クワバタケ**をあまり見ない。

7 雑木林の落ち葉を**ハ**き集めた。

8 野鳥を**ソウガンキョウ**で見る。

9 他人の**アラ**探しは慎もう。

10 帰宅途中で交通事故に**ア**った。

11 冠婚**ソウ**祭の知識を身に付ける。

12 彼は**ニク**まれ口をよくたたく。

13 おにぎりに**ウメボ**しを入れる。

14 実家は代々米を**アキナ**っている。

15 運動して体力を**イジ**する。

16 念願の地を踏んで**ホンモウ**だ。

17 検査の結果は**インセイ**だった。

18 歩道の**カクチョウ**工事が始まる。

19 **コウソウ**を練って小説を書く。

20 駅前に**コウソウ**ビルが林立する。

21 強風でポスターが**ヤブ**れた。

22 惜しくも決勝戦で**ヤブ**れた。

23 胃痛に**キ**くという漢方薬を飲む。

24 人から**キ**いた話を信用する。

使い分けよう! **あう【合・会・遭】**

合う…例 計算が合う 話が合う （一つになる・当てはまる）

会う…例 客と会う 仲間に会う （対面する）

遭う…例 災難に遭う （好ましくないものに出くわす）

漢字表

ステップ 21

漢字	促	賊	怠	胎	逮	袋	滞	滝
読み	音 ソク 訓 うなが(す)	音 ゾク 訓 —	音 タイ 訓 おこた(る) なま(ける)	音 タイ 訓 —	音 タイ 訓 —	音 タイ 高 訓 ふくろ	音 タイ 訓 とどこお(る)	音 — 訓 たき
画数	9	13	9	9	11	11	13	13
部首	亻	貝	心	月	辶	衣	氵	氵
部首名	にんべん	かいへん	こころ	にくづき	しんにょう しんにゅう	ころも	さんずい	さんずい
漢字の意味	せきたてる・間がつまる	どろぼう・主君にさからう者	なまける・あなどる	みごもる・子のやどるところ	つかまえる・追う・およぶ	ふくろ	とどまる・はかどらない	たき
用例	促音《そくおん》・促進《そくしん》・促成《そくせい》・催促《さいそく》・注意《ちゅうい》を促《うなが》す	賊軍《ぞくぐん》・賊臣《ぞくしん》・海賊《かいぞく》・逆賊《ぎゃくぞく》・山賊《さんぞく》・盗賊《とうぞく》	怠業《たいぎょう》・怠惰《たいだ》・怠慢《たいまん》・勤怠《きんたい》・怠《なま》け者《もの》・準備《じゅんび》を怠《おこた》る	胎教《たいきょう》・胎児《たいじ》・胎生《たいせい》・胎動《たいどう》・胎内《たいない》・胎盤《たいばん》・受胎《じゅたい》・母胎《ぼたい》	逮捕《たいほ》・逮夜《たいや》	風袋《ふうたい》・郵袋《ゆうたい》・袋帯《ふくろおび》・胃袋《いぶくろ》・紙袋《かみぶくろ》・寝袋《ねぶくろ》・足袋《たび》	滞貨《たいか》・滞空《たいくう》・滞在《たいざい》・滞納《たいのう》・滞留《たいりゅう》・延滞《えんたい》・沈滞《ちんたい》・停滞《ていたい》	滝口《たきぐち》・滝《たき》つぼ・滝登《たきのぼ》り・滝《たき》のような汗《あせ》
筆順	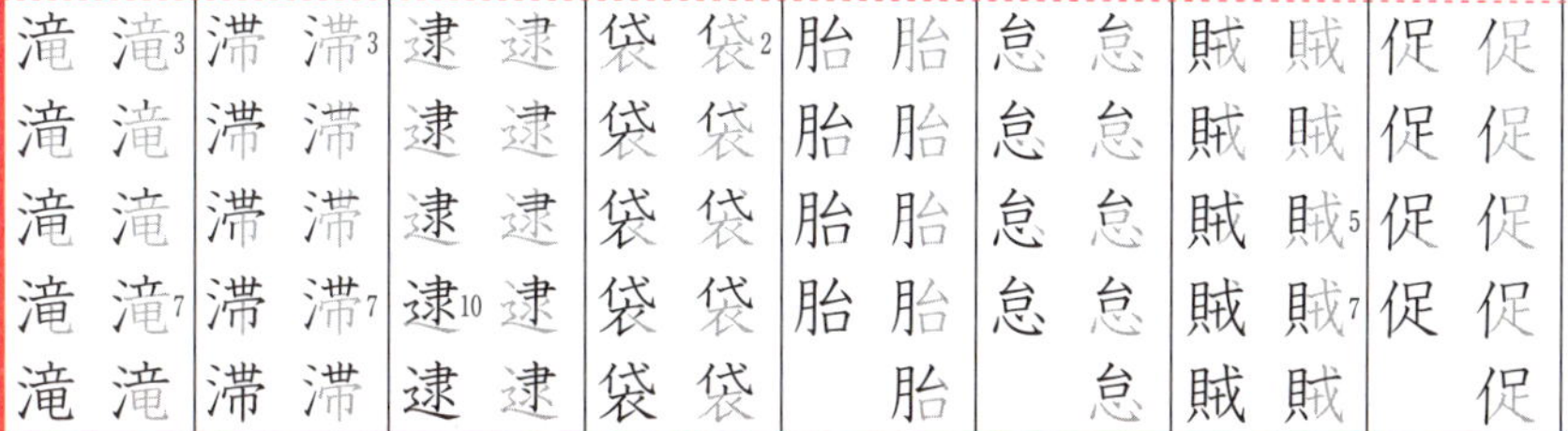							

ステップ 21

練習問題

1	/24
2	/10
3	/10
4	/24

月　日

1 次の――線の漢字の読みをひらがなで記せ。

1 野菜の促成栽培《さいばい》が盛んな地域だ。（　）
2 職務の怠慢は見過ごせない。（　）
3 逮捕状を示し被疑者を連行した。（　）
4 コイの滝登りのような出世だ。（　）
5 本州南岸に前線が停滞している。（　）
6 キャンプ用の寝袋で仮眠をとる。（　）
7 高齢者の雇用を促進する。（　）
8 盗賊が山中で捕らえられる。（　）
9 毎日怠らずに練習を続けよう。（　）
10 市場に変化の胎動が感じられる。（　）
11 大雪で工事が滞っている。（　）
12 重役に戦略の変更を促した。（　）
13 学業を怠けると成績が下がる。（　）
14 宇宙に滞留できるようになった。（　）
15 型紙に沿って布をはさみで裁つ。（　）
16 名画鑑賞の集いに参加した。（　）
17 父の誕生日に革の財布を贈る。（　）
18 軽業師たちが芸を競い合った。（　）
19 激しい痛みをじっと我慢した。（　）
20 リンゴは我が地方の特産物です。（　）
21 アパートの修繕工事が行われた。（　）
22 その場をうまく取り繕う。（　）
23 汚職事件が世間を騒がせた。（　）
24 汚い手を使ってはいけない。（　）

2 次の漢字と同じような意味の漢字を、後の［　］の中から選んで（　）に入れ、熟語を作れ。

1 （　）突
2 （　）悪
3 （　）独
4 基（　）
5 遭（　）
6 湿（　）
7 夢（　）
8 （　）威
9 恥（　）
10 （　）楽

脅・遇・幻・孤・娯・邪・潤・衝・辱・礎

3 文中の四字熟語の――線のカタカナを漢字に直し、二字で記せ。

1 **古今ムソウ**の腕前と称せられた。（　）
2 **天変チイ**が相次いで起きた。（　）
3 **セイコウ雨読**の日々を送る。（　）
4 難局を**イットウ両断**に解決した。（　）
5 互いの**利害トクシツ**がからむ。（　）
6 **新進キエイ**の作家が個展を開く。（　）
7 物語の筋は**タンジュン明快**だ。（　）
8 **美辞レイク**を並べ立てた。（　）
9 彼は**当代ズイイチ**の名優だ。（　）
10 展示作品は**ギョクセキ混交**だ。（　）

4 次の——線のカタカナを漢字に直せ。

1 長期休暇で**ナマ**けぐせがついた。（　）
2 水だけで**イブクロ**は満たせない。（　）
3 家賃の支払いが**トドコオ**る。（　）
4 横領の疑いで**タイホ**された。（　）
5 おなかの**タイジ**が元気よく動く。（　）
6 三年間、パリに**タイザイ**した。（　）
7 **タキ**のように汗が流れる。（　）
8 招待の返事を**サイソク**する。（　）
9 **カイゾク**が度々現れ船を襲った。（　）
10 装置の点検を**オコタ**っていた。（　）
11 司会者に発言を**ウナガ**される。（　）
12 日本新記録が**ジュリツ**された。（　）

13 試合は**ゲキテキ**な幕切れだった。（　）
14 **ショウガイ**物競走に出場した。（　）
15 **タイクツ**しのぎに雑誌を読んだ。（　）
16 **ハクシン**の演技に息をのんだ。（　）
17 大自然の**ケイカン**を楽しんだ。（　）
18 **ケイカン**が交通整理をしている。（　）
19 長く**キンゾク**した会社を辞める。（　）
20 熱伝導率がよい**キンゾク**を使う。（　）
21 年月を**ヘ**るうちに変化した。（　）
22 地方自治体の予算が**ヘ**る。（　）
23 **マワ**り道をしてゆっくり帰る。（　）
24 湖の**マワ**りを毎朝走っている。（　）

使い分けよう! **そくせい【速成・促成・即製】**

速成…例 速成講座　技術者を速成する（すみやかに仕上げる）
促成…例 促成栽培《さいばい》（人工的に植物の生育を促す）
即製…例 即製即売（手間をかけずに、その場ですぐ作る）

漢字表

ステップ22

漢字	読み	画数	部首	部首名	漢字の意味	用例	筆順
択	音 タク　訓 ―	7	扌	てへん	えらぶ・よりわける	採択《さいたく》・選択《せんたく》・二者択一《にしゃたくいつ》	択 択 択 択 択 択 択
卓	音 タク　訓 ―	8	十	じゅう	すぐれている・つくえ	卓越《たくえつ》・卓抜《たくばつ》・卓球《たっきゅう》・卓見《たっけん》・教卓《きょうたく》・高論卓説《こうろんたくせつ》・食卓《しょくたく》	卓 卓 卓 卓 卓 卓 卓 卓
託	音 タク　訓 ―	10	言	ごんべん	まかせる・かこつける	託児所《たくじしょ》・託宣《たくせん》・委託《いたく》・仮託《かたく》・屈託《くったく》・結託《けったく》・嘱託《しょくたく》・信託《しんたく》	託 託 託 託 託 託 託 託 託 託
諾	音 ダク　訓 ―	15	言	ごんべん	ひきうける・承知する	諾否《だくひ》・応諾《おうだく》・快諾《かいだく》・許諾《きょだく》・受諾《じゅだく》・承諾《しょうだく》	諾 諾 諾[4] 諾[7] 諾 諾 諾 諾 諾 諾[15]
奪	音 ダツ　訓 うば(う)	14	大	だい	うばう・しいてとる	奪回《だっかい》・奪取《だっしゅ》・強奪《ごうだつ》・争奪《そうだつ》・略奪《りゃくだつ》・目《め》を奪《うば》う	奪 奪[3] 奪[5] 奪 奪 奪 奪[11] 奪 奪 奪
胆	音 タン　訓 ―	9	月	にくづき	きも・度胸・本心	胆石《たんせき》・豪胆《ごうたん》・魂胆《こんたん》・心胆《しんたん》・大胆《だいたん》・落胆《らくたん》・肝胆相照《かんたんあいて》らす	胆 胆 胆 胆 胆 胆 胆 胆 胆
鍛	音 タン　訓 きた(える)	17	金	かねへん	きたえる・練る	鍛造《たんぞう》・鍛鉄《たんてつ》・鍛錬《たんれん》・鍛練《たんれん》・鉄《てつ》を鍛《きた》える	鍛[5] 鍛[8] 鍛 鍛 鍛[12] 鍛 鍛 鍛 鍛 鍛
壇	音 ダン、タン[高]　訓 ―	16	土	つちへん	だん・専門家たちの社会	壇上《だんじょう》・花壇《かだん》・画壇《がだん》・教壇《きょうだん》・祭壇《さいだん》・登壇《とうだん》・文壇《ぶんだん》・土壇場《どたんば》	壇[2] 壇 壇[5] 壇[7] 壇[10] 壇 壇 壇 壇[15] 壇

ステップ 22 練習問題

1	/24
2	/10
3	/7
4	/24

月　日

1 次の――線の漢字の読みをひらがなで記せ。

1 伝統的な画壇に新風を吹き込む。

2 大雪で通勤の足を奪われた。

3 使用前に管理者の許諾を求める。

4 スポーツは心身の鍛練に役立つ。

5 屈託のない人で付き合いやすい。

6 業界内で有能な人材を争奪する。

7 普段から足腰を鍛えておく。

8 賛成多数で動議が採択された。

9 旅先の宿で友人と卓球に興じた。

10 会社の嘱託医に不調を相談した。

11 二者択一の状況に追い込まれる。

12 政権の奪回を目指している。

13 事後承諾で申し訳ありません。

14 卓抜した技で世間に名をはせる。

15 何か魂胆のありそうな顔だ。

16 夏になると草木が生い茂る。

17 義士の討ち入りを扱った小説だ。

18 美しい装丁の絵本を買った。

19 製糸工場で生糸を生産している。

20 真っ暗な部屋を手探りで進む。

21 著作権は保護されるべきだ。

22 数々の名作を著した作家だ。

23 会場周辺の警戒にあたる。

24 不誠実な発言を戒めた。

2 次の各組の熟語が類義語の関係になるように、（　）に入る漢字を後の［　］の中から選べ。

1 抜群―（　）越

2 失望―落（　）

3 発覚―（　）見

4 我慢―（　）抱

5 両者―（　）方

6 清掃―掃（　）

7 勘弁―容（　）

8 奇抜―（　）飛

9 冷静―（　）着

10 分別―思（　）

赦・除・辛・双・卓・胆・沈・突・慮・露

3 次の――線のカタカナにあてはまる漢字をそれぞれのア・イから選び、記号で記せ。

1 敵の陣営に**セン**入して調査する。（ア 宣　イ 潜）（　）

2 あの人は**ソ**暴な振る舞いが目立つ。（ア 粗　イ 阻）（　）

3 係員の**タイ**慢から事故が起きた。（ア 怠　イ 胎）（　）

4 一家そろって食**タク**を囲む。（ア 卓　イ 託）（　）

5 古墳《こふん》から貴重な副**ソウ**品が出た。（ア 遺　イ 葬）（　）

6 大らかで物**オ**しみしない人物だ。（ア 惜　イ 押）（　）

7 竹ぼうきで**ハ**いた跡が残っている。（ア 吐　イ 掃）（　）

4 次の――線のカタカナを漢字に直せ。

1 両者が**ケッタク**して不正を働く。
2 序盤から大量リードを**ウバ**った。
3 進学コースを**センタク**する。
4 敵は**ダイタン**な攻撃に出てきた。
5 設立資金の援助を**カイダク**した。
6 校庭の**カダン**の土を耕す。
7 **タクエツ**した技術を有している。
8 二人組に現金を**ゴウダツ**された。
9 **キタ**えあげた筋肉を誇示する。
10 **キョウダン**に立って授業を行う。
11 現時点までの**ケイイ**をたどる。
12 **シニセ**の和菓子を取り寄せた。

13 行政改革の**シシン**が示された。
14 **エンピツ**で手紙の下書きをする。
15 子どもの**コウキ**心を育む体験だ。
16 人事の**サッシン**を図る。
17 館内での飲食は**キンシ**です。
18 **キンシ**用の眼鏡を買い求める。
19 昔からの**カンシュウ**を重んじる。
20 多くの**カンシュウ**が拍手をした。
21 会場の熱気に気**オク**れする。
22 作業の**オク**れを取りもどす。
23 男女が同数**マ**ざった組を作る。
24 酒に水が**マ**ざってしまった。

高論卓説（こうろんたくせつ）
「優れた意見や議論」という意味の四字熟語です。「高」は程度がたかい、「卓」は他より抜きんでているという、似た意味を表しています。他人の意見や議論を敬っていう言葉です。
例…講演者の高論卓説を拝聴《はいちょう》した。

ステップ 23

漢字	読み	画数	部首	部首名	漢字の意味	用例	筆順
稚	音 チ　訓 —	13	禾	のぎへん	おさない・未熟だ	稚気《ちき》・稚魚《ちぎょ》・稚拙《ちせつ》・幼稚《ようち》・稚児《ちご》	稚2 稚 稚5 稚 稚 稚 稚 稚 稚12 稚
畜	音 チク　訓 —	10	田	た	動物を飼う・飼っている動物	畜産《ちくさん》・畜生《ちくしょう》・家畜《かちく》・牧畜《ぼくちく》	畜 畜 畜 畜 畜 畜 畜 畜 畜 畜
窒	音 チツ　訓 —	11	穴	あなかんむり	ふさがる・元素の一つ	窒素《ちっそ》・窒息《ちっそく》	窒 窒3 窒 窒 窒 窒 窒 窒 窒 窒
抽	音 チュウ　訓 —	8	扌	てへん	ぬく・ひきだす	抽出《ちゅうしゅつ》・抽象《ちゅうしょう》・抽選《ちゅうせん》	抽 抽 抽 抽 抽 抽 抽 抽
鋳	音 チュウ　訓 い(る)	15	金	かねへん	金属をとかして型に流しこみ、器物を作る	鋳金《ちゅうきん》・鋳造《ちゅうぞう》・鋳鉄《ちゅうてつ》・改鋳《かいちゅう》・鋳型《いがた》・鋳物《いもの》	鋳2 鋳4 鋳 鋳7 鋳 鋳11 鋳 鋳 鋳 鋳
駐	音 チュウ　訓 —	15	馬	うまへん	とまる・とどまる	駐在《ちゅうざい》・駐車《ちゅうしゃ》・駐留《ちゅうりゅう》・常駐《じょうちゅう》・進駐《しんちゅう》	駐 駐 駐 駐5 駐 駐10 駐12 駐 駐 駐
彫	音 チョウ　訓 ほ(る)	11	彡	さんづくり	きざんで形をつける・ほりもの	彫金《ちょうきん》・彫工《ちょうこう》・彫刻《ちょうこく》・彫塑《ちょうそ》・彫像《ちょうぞう》・浮《う》き彫《ぼ》り・木彫《きぼ》り	彫 彫 彫 彫 彫 彫7 彫 彫 彫 彫
超	音 チョウ　訓 こ(える) こ(す)	12	走	そうにょう	こえる・かけはなれる・すぐれる	超越《ちょうえつ》・超過《ちょうか》・超人《ちょうじん》・超絶《ちょうぜつ》・超然《ちょうぜん》・入超《にゅうちょう》・限度《げんど》を超《こ》える	超 超 超 超 超 超 超 超 超 超12

ステップ 23

練習問題

1 /24
2 /10
3 /10
4 /24

月　日

1 次の――線の漢字の読みをひらがなで記せ。

1 研修で牧畜の盛んな国を訪ねた。（　）
2 宝くじの抽選は公開で行われる。（　）
3 昔から鋳物の金具を作っている。（　）
4 そんな幼稚な発想では困る。（　）
5 兄は仕事で海外に駐在している。（　）
6 彫金の教室でブローチを作った。（　）
7 出費が予算額を超えてしまった。（　）
8 偽《ぎ》造《ぞう》防止のため硬貨を改鋳する。（　）
9 パステルで抽象画を描いた。（　）
10 液体窒素は冷却剤に用いられる。（　）
11 管理人が常駐するマンションだ。（　）
12 お土産に木彫りの人形を買った。（　）
13 部隊が戦闘地域に駐留している。（　）
14 農業や畜産業の振興を図る。（　）
15 本作品で彫工として名をはせた。（　）
16 予定時間を大幅に超過した。（　）
17 仕事では父と師弟関係になる。（　）
18 用意万端整ってからくつろいだ。（　）
19 販売促進のために見本を配る。（　）
20 忘れ物がないよう注意を促した。（　）
21 優秀な成績で大学を卒業した。（　）
22 優れた作品が展示されている。（　）
23 極上のワインを味わう。（　）
24 初舞台に感極まって泣き出した。（　）

2

熟語の構成のしかたには次のようなものがある。

ア　同じような意味の漢字を重ねたもの（岩石）
イ　反対または対応の意味を表す字を重ねたもの（高低）
ウ　上の字が下の字を修飾しているもの（洋画）
エ　下の字が上の字の目的語・補語になっているもの（着席）
オ　上の字が下の字の意味を打ち消しているもの（非常）

次の熟語は右のア～オのどれにあたるか、一つ選び、記号で記せ。

1　不吉（　　）
2　選択（　　）
3　承諾（　　）
4　潜水（　　）
5　稚魚（　　）
6　登壇（　　）
7　教卓（　　）
8　遭難（　　）
9　愛憎（　　）
10　精粗（　　）

3

次の――線のカタカナを漢字一字と送りがな（ひらがな）に直せ。

〈例〉問題に**コタエル**。（答える）

1　**ホガラカニ**毎日を過ごす。（　　）
2　健康のために糖分を**ヒカエル**。（　　）
3　店頭に客が**ムラガッ**ていた。（　　）
4　法の**サバキ**を受けるべきだ。（　　）
5　彼には**ウタガワシイ**言動が多い。（　　）
6　**オサナイ**ころから絵が得意だ。（　　）
7　友から受けた恩に**ムクイル**。（　　）
8　思わぬ**ワザワイ**が降りかかった。（　　）
9　心身を**キタエル**ことは大切だ。（　　）
10　破れた箇所を**ツクロッ**た。（　　）

4 次の――線のカタカナを漢字に直せ。

1 玄関先に石の**チョウコク**を飾る。（　　）
2 お寺のつり鐘を**チュウゾウ**する。（　　）
3 規則ずくめで**チッソク**しそうだ。（　　）
4 駅の周辺は**チュウシャ**禁止だ。（　　）
5 客室に透かし**ボリ**の欄間がある。（　　）
6 時代を**チョウエツ**した名作だ。（　　）
7 菜種から油を**チュウシュツ**する。（　　）
8 早起きして**カチク**の世話をする。（　　）
9 放流された**チギョ**が泳ぎ出した。（　　）
10 **イガタ**に溶かした金を流し込む。（　　）
11 もはや犯人は**フクロ**のねずみだ。（　　）
12 国連への**カメイ**が認められた。（　　）

13 ナイル川の**ミナモト**を調査する。（　　）
14 **エッキョウ**通学が認められる。（　　）
15 生徒を**インソツ**して会場に入る。（　　）
16 新製品の**センデン**に力を入れる。（　　）
17 **タタミ**に正座して足がしびれた。（　　）
18 贈り物をきれいに**ホウソウ**した。（　　）
19 テレビで試合が**ホウソウ**された。（　　）
20 町内の世話**ヤク**を引き受ける。（　　）
21 この村の人口は**ヤク**三万人だ。（　　）
22 英語の本を日本語に**ヤク**す。（　　）
23 投げ**ワザ**で相手を負かす。（　　）
24 人間**ワザ**とは思えない出来だ。（　　）

換骨奪胎（かんこつだったい）
「外形はもとのままで中身を取りかえること・外見は同じでも内容が違うこと」という意味の四字熟語です。本来、古人の詩文に創意を加えて独自の作品とすることをいいましたが、先人の作品を一部変えて新しい発想に見せかけるという意味でも使われます。

漢字表

ステップ 24

漢字	読み	画数	部首	部首名	漢字の意味	用例	筆順
聴	音 チョウ 訓 き(く)	17	耳	みみへん	よくきく・注意してきく	聴覚《ちょうかく》・聴講《ちょうこう》・聴取《ちょうしゅ》・聴衆《ちょうしゅう》・傾聴《けいちょう》・盗聴《とうちょう》・拝聴《はいちょう》・傍聴《ぼうちょう》	聴 聴 聴4 聴 聴 聴 聴 聴10 聴13 聴17
陳	音 チン 訓 ―	11	阝	こざとへん	ならべる・申し立てる・古くさい	陳謝《ちんしゃ》・陳述《ちんじゅつ》・陳情《ちんじょう》・陳腐《ちんぷ》・陳列《ちんれつ》・開陳《かいちん》・新陳代謝《しんちんたいしゃ》	陳 陳 陳 陳 陳 陳 陳8 陳 陳 陳
鎮	音 チン 訓 しず(める) 高 しず(まる) 高	18	金	かねへん	おさえるもの・しずめる・おちつかせる	鎮圧《ちんあつ》・鎮火《ちんか》・鎮魂《ちんこん》・鎮座《ちんざ》・鎮守《ちんじゅ》・鎮静《ちんせい》・鎮痛《ちんつう》・重鎮《じゅうちん》	鎮5 鎮7 鎮 鎮 鎮 鎮 鎮 鎮15 鎮 鎮18
墜	音 ツイ 訓 ―	15	土	つち	おちる・おとす・うしなう	墜死《ついし》・墜落《ついらく》・撃墜《げきつい》・失墜《しっつい》	墜 墜 墜 墜6 墜8 墜10 墜 墜 墜14 墜
帝	音 テイ 訓 ―	9	巾	はば	天子・天皇・みかど	帝位《ていい》・帝王《ていおう》・帝国《ていこく》・帝都《ていと》・皇帝《こうてい》・大帝《たいてい》	帝 帝 帝 帝 帝 帝 帝 帝 帝
訂	音 テイ 訓 ―	9	言	ごんべん	なおす・はかる	訂正《ていせい》・改訂《かいてい》・校訂《こうてい》・増訂《ぞうてい》・補訂《ほてい》	訂 訂 訂 訂 訂 訂 訂 訂 訂
締	音 テイ 訓 し(まる) し(める)	15	糸	いとへん	とりきめる・しめる	締結《ていけつ》・締盟《ていめい》・締約《ていやく》・締《し》め切《き》り・引《ひ》き締《し》め・元締《もとじ》め	締3 締 締6 締8 締10 締 締 締 締 締
哲	音 テツ 訓 ―	10	口	くち	物事の深い道理・賢明で知恵のある人	哲学《てつがく》・哲人《てつじん》・哲理《てつり》・賢哲《けんてつ》・聖哲《せいてつ》・先哲《せんてつ》・変哲《へんてつ》	哲 哲 哲 哲 哲 哲 哲 哲 哲 哲

ステップ 24

練習問題

1	/24
2	/10
3	/9
4	/24

月　日

1 次の――線の漢字の読みをひらがなで記せ。

1 論文で帝国主義を批判した。

2 業界の信用を失墜させる事件だ。

3 両国で自由貿易協定を締約する。

4 古文書を校訂して先月出版した。

5 会場中に鎮魂の歌が響き渡る。

6 住民の声を聴く会が持たれる。

7 公の場で正式に陳謝する。

8 先哲の教えを大切にする。

9 民間機が誤って撃墜された。

10 傾聴にあたいする意見だ。

11 陳腐な表現で新鮮味に欠ける。

12 彼は見識高くまさに哲人だ。

13 身の引き締まる思いがする。

14 聴衆に応えて演者は手を振った。

15 暴動は程なく鎮圧された。

16 医師からは鼻炎だと言われた。

17 終日機織りの音が聞こえる。

18 両親はまさに好一対の夫婦だ。

19 海外旅行の添乗員をしている。

20 自作の絵に添え書きをした。

21 雨水が地中に浸透していった。

22 勝利の喜びに浸っている。

23 天然の香料を使ったクリームだ。

24 梅の香りが一面にただよう。

2

次の漢字の中で一つだけ他の漢字とは部首が異なるものがある。その漢字の記号を記せ。

1 〔ア 契　イ 奇　ウ 奪　エ 美　オ 奥〕（　）
2 〔ア 飲　イ 次　ウ 歓　エ 欧　オ 欲〕（　）
3 〔ア 奮　イ 畜　ウ 甲　エ 畳　オ 界〕（　）
4 〔ア 哀　イ 裏　ウ 衰　エ 袋　オ 裁〕（　）
5 〔ア 遵　イ 遂　ウ 巡　エ 遭　オ 逮〕（　）
6 〔ア 財　イ 則　ウ 賊　エ 販　オ 貯〕（　）
7 〔ア 焦　イ 熟　ウ 然　エ 黙　オ 烈〕（　）
8 〔ア 尋　イ 寿　ウ 辱　エ 寺　オ 尊〕（　）
9 〔ア 宇　イ 審　ウ 寄　エ 憲　オ 察〕（　）
10 〔ア 刑　イ 刷　ウ 削　エ 剣　オ 倒〕（　）

3

次の――線のカタカナにあてはまる漢字をそれぞれのア～オから一つ選び、記号で記せ。

1 先生のご高見を拝**チョウ**する。（　）
2 公園に大理石の**チョウ**像がある。（　）
3 彼は**チョウ**人的な活躍を続けた。（　）
（ア 聴　イ 徴　ウ 跳　エ 彫　オ 超）

4 大臣に環境保全を**チン**情した。（　）
5 幼いころ**チン**守の森でよく遊んだ。（　）
6 景気はここ数年**チン**滞気味だ。（　）
（ア 珍　イ 沈　ウ 陳　エ 賃　オ 鎮）

7 賛成が多数を**シ**めて可決した。（　）
8 選手生活を優勝で**シ**めくくった。（　）
9 真綿で首を**シ**めるような手口だ。（　）
（ア 強　イ 絞　ウ 占　エ 締　オ 閉）

4 次の——線のカタカナを漢字に直せ。

1 革命で**コウテイ**の位を追われた。
2 何の**ヘンテツ**もなさそうな車だ。
3 条約の**テイケツ**に向け協議する。
4 裁判を初めて**ボウチョウ**する。
5 隣家に燃え移る前に**チンカ**した。
6 五月人形が**チンレツ**されている。
7 国語辞典の**カイテイ**版が出た。
8 **ツイラク**事故の防止に努める。
9 我が子を優しく抱き**シ**めた。
10 静かに古典音楽を**キ**いた。
11 文字の間違いを**テイセイ**する。
12 **ワケ**を話して許してもらう。
13 **センオウ**な振る舞いが目に余る。
14 二つの案を**ヒカク**して検討する。
15 **アズキ**を煮てあんを作った。
16 妹の**スコ**やかな寝息が聞こえる。
17 積雪で道路が**ヘイサ**された。
18 従来品より**カクダン**に進歩した。
19 結婚式の**シカイ**を務めた。
20 霧が晴れて**シカイ**が開けた。
21 環境美化運動を**スイシン**する。
22 幼児用プールの**スイシン**を測る。
23 一方的に責任を**オ**わされた。
24 庭に雑草が**オ**い茂っている。

使い分けよう! **きく【聞・聴】**

聞く…例 物音を聞く　話し声を聞く　うわさに聞く
（耳に入る・広く一般的に用いる）

聴く…例 音楽を聴く　国民の声を聴く　講演を聴く
（注意して耳を傾ける）

ステップ

19-24

力だめし

第4回

総得点 /100

評価

A
80点 B
75点 C
70点 D
60点 E

月 日

1

次の——線の漢字の読みをひらがなで記せ。

1×10 /10

1 スーツを着てネクタイを締めた。（　　）

2 被験者を無作為に抽出する。（　　）

3 寺の境内を掃き清める。（　　）

4 政界の重鎮として知られている。（　　）

5 滝で知られる名勝の地を訪れる。（　　）

6 組織の問題点が浮き彫りになる。（　　）

7 日本はポツダム宣言を受諾した。（　　）

8 基礎学力の欠如を指摘された。（　　）

9 舞う桜に惜春の思いを味わう。（　　）

10 微生物の増殖を阻害する。（　　）

2

熟語の構成のしかたには次のようなものがある。

1×10 /10

ア 同じような意味の漢字を重ねたもの （岩石）

イ 反対または対応の意味を表す字を重ねたもの （高低）

ウ 上の字が下の字を修飾しているもの （洋画）

エ 下の字が上の字の目的語・補語になっているもの （着席）

オ 上の字が下の字の意味を打ち消しているもの （非常）

次の熟語は右のア～オのどれにあたるか、一つ選び、記号で記せ。

1 幼稚（　　）

2 海賊（　　）

3 未完（　　）

4 粗密（　　）

5 食卓（　　）

6 鎮魂（　　）

7 超越（　　）

8 聴講（　　）

9 諾否（　　）

10 不測（　　）

3

次の——線のカタカナを漢字一字と送りがな（ひらがな）に直せ。

〈例〉問題に**コタエル**。（答える）

1×10 ／10

1 紅茶にブランデーを**タラシ**た。（　　）

2 **ニクラシイ**ほどの腕前だった。（　　）

3 姉が家計を**アズカッ**ている。（　　）

4 注意を**オコタラ**ずに運転する。（　　）

5 激しい集中砲火を**アビセル**。（　　）

6 山脈が長く**ツラナル**。（　　）

7 短期間に**イチジルシク**発展する。（　　）

8 式は**トドコオリ**なく挙行された。（　　）

9 将棋でついに父親を**マカシ**た。（　　）

10 **イサマシイ**姿で敵に立ち向かう。（　　）

4

次の——線のカタカナにあてはまる漢字をそれぞれのア〜オから一つ選び、記号で記せ。

1×10 ／10

1 学校の教科書が採**タク**された。（　　）

2 演壇の**タク**上にマイクを用意する。（　　）

3 駅前に新しく**タク**児所ができる。（　　）

（ア 沢　イ 択　ウ 卓　エ 拓　オ 託）

4 かつてこの地に**テイ**国が栄えた。（　　）

5 法に**テイ**触する行為だ。（　　）

6 仕様書の内容を一部改**テイ**した。（　　）

7 平和条約が**テイ**結される。（　　）

（ア 堤　イ 帝　ウ 訂　エ 抵　オ 締）

8 部屋を借りるには保証人が**イ**る。（　　）

9 硬貨を**イ**る技術は古くからあった。（　　）

10 人を**イ**るような鋭い眼光だ。（　　）

（ア 鋳　イ 言　ウ 居　エ 要　オ 射）

5 次の各文にまちがって使われている同じ読みの漢字が一字ある。上に誤字を、下に正しい漢字を記せ。

2×5 ／10

		誤	正
1	説明書にある手順で操作しても始動しない場合は故障の疑いがあります。	（　）	（　）
2	足腰が衰えないように、駅やデパートでは階壇を昇降するよう努めている。	（　）	（　）
3	都市部が高温化する一因として建造物や舗装道路に太陽熱が蓄籍されることが考えられる。	（　）	（　）
4	既存の業種に新規参入できる条件を緩和して事業者数の増加を促伸する。	（　）	（　）
5	私立学校を設置する学校法人については、税制上の優遇訴置が講じられている。	（　）	（　）

6 後の［　］内のひらがなを漢字に直して（　）に入れ、対義語・類義語を作れ。［　］内のひらがなは一度だけ使い、漢字一字を記せ。

1×10 ／10

対義語

1 粗悪—精（　）
2 徴収—（　）入
3 釈放—（　）捕
4 鎮静—興（　）
5 賞賛—非（　）

類義語

6 感心—（　）服
7 団結—結（　）
8 専有—独（　）
9 大胆—（　）放
10 傾向—風（　）

けい・こう・ごう・せん・そく・たい・ちょう・なん・のう・ふん

7

次の（　）内に入る適切な語を、後の□の中から選び、漢字に直して四字熟語を完成せよ。

2×10　／20

1 （　）万丈
2 （　）選択
3 換骨（　）
4 一日（　）
5 （　）方正
6 前後（　）
7 五里（　）
8 （　）代謝
9 活殺（　）
10 片言（　）

きえん・じざい・しゅしゃ・しんちん・せきご・せんしゅう・だったい・ひんこう・ふかく・むちゅう

8

次の――線のカタカナを漢字に直せ。

2×10　／20

1 弟の**シュウショク**先が決まった。（　）
2 革命で王の権威は**シッツイ**した。（　）
3 耳をつんざくような**サケ**び声だ。（　）
4 逃げるのは**トクサク**ではない。（　）
5 最高気温は**セッシ**三十度だった。（　）
6 家族で**アナバ**の温泉に行った。（　）
7 故人をいたむ**ソウレツ**が続く。（　）
8 宝石を**カンテイ**してもらう。（　）
9 和服に白い**タビ**を合わせた。（　）
10 ご多幸を心から**イノ**ります。（　）

ステップ 25

漢字	読み	画数	部首	部首名	漢字の意味	用例	筆順
斗	音 ト 訓 ―	4	斗	とます	ひしゃく・容積の単位	一斗《いっと》・北斗七星《ほくとしちせい》・漏斗《ろうと》・斗酒《としゅ》なお辞《じ》せず	斗 斗 斗 斗
塗	音 ト 訓 ぬ(る)	13	土	つち	ぬる・まみれる・どろ・みち	塗装《とそう》・塗炭《とたん》・塗布《とふ》・塗料《とりょう》・上塗《うわぬ》り	塗3 塗 塗 塗7 塗 塗 塗 塗 塗 塗
凍	音 トウ 訓 こお(る) こご(える)	10	冫	にすい	こおる・こごえる	凍結《とうけつ》・凍死《とうし》・凍傷《とうしょう》・凍土《とうど》・解凍《かいとう》・冷凍《れいとう》・凍《こご》えた手《て》	凍 凍 凍 凍 凍 凍 凍 凍 凍 凍
陶	音 トウ 訓 ―	11	阝	こざとへん	やきもの・うっとりする・教えみちびく	陶器《とうき》・陶芸《とうげい》・陶工《とうこう》・陶磁器《とうじき》・陶酔《とうすい》・薫陶《くんとう》	陶 陶 陶 陶 陶 陶 陶 陶 陶 陶11
痘	音 トウ 訓 ―	12	疒	やまいだれ	ほうそう	種痘《しゅとう》・水痘《すいとう》・天然痘《てんねんとう》	痘 痘 痘 痘 痘 痘 痘9 痘 痘 痘
匿	音 トク 訓 ―	10	匸	かくしがまえ	かくす・かくまう	匿名《とくめい》・隠匿《いんとく》・秘匿《ひとく》	匿 匿 匿 匿 匿 匿 匿 匿 匿 匿
篤	音 トク 訓 ―	16	⺮	たけかんむり	まじめだ・熱心だ・てあつい・病気が重い	篤学《とくがく》・篤志《とくし》・篤実《とくじつ》・篤農《とくのう》・篤行《とっこう》・危篤《きとく》・懇篤《こんとく》	篤2 篤 篤6 篤 篤 篤 篤 篤 篤 篤16
豚	音 トン 訓 ぶた	11	豕	ぶた いのこ	ブタ・自分の子をへりくだっていう言葉	豚児《とんじ》・豚舎《とんしゃ》・養豚《ようとん》・豚肉《ぶたにく》・子豚《こぶた》	豚 豚 豚4 豚 豚 豚 豚 豚 豚 豚

ステップ 25

練習問題

1 ／24　2 ／10　3 ／10　4 ／24

月　日

1 次の——線の漢字の読みをひらがなで記せ。

1 外壁が塗装されてよみがえる。（　）
2 手が凍えて鉛筆が握れない。（　）
3 彼は自分の演奏に陶酔していた。（　）
4 一斗缶《かん》の再利用法を考える。（　）
5 職を失い塗炭の苦しみをなめる。（　）
6 倉庫に密輸品が隠匿されていた。（　）
7 篤志家からの寄付を受ける。（　）
8 家畜として豚を飼っている。（　）
9 ローラーで接着剤を塗布する。（　）
10 開発計画の一時凍結を決定する。（　）

11 水痘とは水ぼうそうのことだ。（　）
12 養豚業を営む農家が多い地方だ。（　）
13 有名な陶工の作品を手に入れた。（　）
14 取材源は秘匿されており不明だ。（　）
15 昨夜の寒さで池の水が凍った。（　）
16 恥の上塗りをしてしまった。（　）
17 部屋に陶器の人形を飾る。（　）
18 父は篤実な性格で人望がある。（　）
19 登山隊は凍傷に悩まされた。（　）
20 蒸したタオルで手足をふいた。（　）
21 定期的に福祉施設を慰問する。（　）
22 木々の緑が目を慰める。（　）
23 精進を続けて悟道の域に達した。（　）
24 体力の限界を悟って引退した。（　）

2 後の[　　]内のひらがなを漢字に直して（　）に入れ、対義語・類義語を作れ。[　　]内のひらがなは一度だけ使い、漢字一字を記せ。

対義語

1 具体—（　）象
2 優雅—（　）野
3 辞退—受（　）
4 難解—平（　）
5 強制—（　）意

類義語

6 重体—危（　）
7 薄情—冷（　）
8 未熟—幼（　）
9 展示—（　）列
10 横着—（　）慢

[い・そ・たい・だく・たん・ち・ちゅう・ちん・とく・にん]

3 文中の四字熟語の——線のカタカナを漢字に直し、二字で記せ。

1 **キョキョ実実**の駆け引きが続く。（　）
2 **首尾イッカン**した態度で臨む。（　）
3 彼の**ダイタン不敵**な行動に驚く。（　）
4 情勢は**暗雲テイメイ**している。（　）
5 国王が**生殺ヨダツ**の権を握る。（　）
6 寂れて**コジョウ落日**の感がある。（　）
7 努力して**立身シュッセ**を果たす。（　）
8 僧が**因果オウホウ**の教えを説く。（　）
9 成功談を**得意マンメン**に語る。（　）
10 年とともに**老成エンジュク**した。（　）

4 次の――線のカタカナを漢字に直せ。

1 **トウゲイ**教室で茶わんを作る。（　　）
2 **トクメイ**の作品は受け付けない。（　　）
3 **ブタニク**でしょうが焼きを作る。（　　）
4 血も**コオ**るような怖い事件だ。（　　）
5 さび止めの**トリョウ**を使った。（　　）
6 入浴して**コゴ**えた体を温める。（　　）
7 冬の夜空に**ホクト**七星を探した。（　　）
8 **トウシ**しそうなほど外は寒い。（　　）
9 **テンネントウ**は根絶された。（　　）
10 祖父が**キトク**だと知らされる。（　　）
11 歴史を**ヌ**り替えるほどの発見だ。（　　）
12 ごみの不法**トウキ**を監視する。（　　）

13 友人の**エイキョウ**を強く受ける。（　　）
14 飛行機の**ソウジュウ**訓練をする。（　　）
15 **カンジュク**トマトは香りが高い。（　　）
16 勝利の**メガミ**がほほえんだ。（　　）
17 学校で**カイキン**賞をもらった。（　　）
18 冬は空気の**カンソウ**が激しい。（　　）
19 仏前で手を合わせて**オガ**む。（　　）
20 小さな破片が**サンラン**している。（　　）
21 約束の**ジコク**に間に合わない。（　　）
22 海外で**ジコク**の文化を紹介する。（　　）
23 母は水彩画の**コテン**を開いた。（　　）
24 **コテン**文学を改めて読み直す。（　　）

同床異夢（どうしょういむ）
夫婦が同じ寝床に就いても違う夢を見るように、「同じ仲間や同じ仕事をしている者でも、それぞれ考え方や目的が違う」ということをたとえた四字熟語です。「同床各夢」ともいいます。

ステップ 26

漢字	尿	粘	婆	排	陪	縛	伐	帆
読み	音 ニョウ 訓 —	音 ネン 訓 ねば(る)	音 バ 訓 —	音 ハイ 訓 —	音 バイ 訓 —	音 バク 訓 しば(る)	音 バツ 訓 —	音 ハン 訓 ほ
画数	7	11	11	11	11	16	6	6
部首	尸	米	女	扌	阝	糸	亻	巾
部首名	かばね しかばね	こめへん	おんな	てへん	こざとへん	いとへん	にんべん	はばへん きんべん
漢字の意味	小便	ねばりつく	年とった女の人・女性	おしのける・ならべる	そばにつきしたがう・家来のそのまた家来	しばる・自由にさせない	木を切る・攻める	ほ・ほをあげてはしる
用例	尿意《にょうい》・尿素《にょうそ》・尿道《にょうどう》・検尿《けんにょう》・糖尿《とうにょう》・排尿《はいにょう》・夜尿症《やにょうしょう》	粘液《ねんえき》・粘着《ねんちゃく》・粘土《ねんど》《ねばつち》・粘膜《ねんまく》・粘り気《ねばりけ》・粘り強い《ねばりづよい》	お転婆《てんば》・産婆役《さんばやく》・老婆《ろうば》・老婆心《ろうばしん》	排煙《はいえん》・排気《はいき》・排出《はいしゅつ》・排除《はいじょ》・排水《はいすい》・排斥《はいせき》・排他《はいた》・排尿《はいにょう》	陪食《ばいしょく》・陪審《ばいしん》・陪席《ばいせき》	自縛《じばく》・束縛《そくばく》・捕縛《ほばく》・金縛り《かなしばり》・時間《じかん》に縛《しば》られる	伐採《ばっさい》・伐木《ばつぼく》・間伐《かんばつ》・殺伐《さつばつ》・征伐《せいばつ》・討伐《とうばつ》・濫伐《らんばつ》	帆船《はんせん》《ほぶね》・帆走《はんそう》・出帆《しゅっぱん》・順風満帆《じゅんぷうまんぱん》・帆柱《ほばしら》・白帆《しらほ》
筆順	尿 尿 尿 尿 尿 尿 尿	粘2 粘 粘 粘 粘 粘 粘 粘 粘 粘	婆2 婆 婆 婆 婆 婆 婆 婆 婆 婆	排 排 排 排 排 排 排 排 排 排11	陪 陪 陪 陪 陪 陪7 陪 陪 陪 陪	縛6 縛 縛 縛 縛11 縛 縛 縛 縛 縛	伐 伐 伐 伐 伐 伐	帆 帆 帆 帆 帆 帆

ステップ 26

練習問題

1	/24
2	/10
3	/5
4	/24

月　日

1　次の——線の漢字の読みをひらがなで記せ。

1 粘り強くがんばって逆転した。（　　）

2 老婆にも婦人にも見える絵だ。（　　）

3 尿素を配合したクリームを塗る。（　　）

4 仏教が排斥された時代もあった。（　　）

5 万引きの犯人が捕縛された。（　　）

6 この度、陪食の栄に浴しました。（　　）

7 お転婆な妹に手を焼いている。（　　）

8 ヨットが大海原を帆走した。（　　）

9 計画的な伐採で森林を維持する。（　　）

10 製品から有害物質を排除する。（　　）

11 夏の湖上に白帆が浮かんでいる。（　　）

12 古い週刊誌をひもで縛る。（　　）

13 テープの粘着力が弱くなった。（　　）

14 糖尿病のための食事療法を行う。（　　）

15 出帆する船を港から見送る。（　　）

16 排他的な態度は慎むべきだ。（　　）

17 友人は優しくて思いやりがある。（　　）

18 賃金の一部は歩合で支払われる。（　　）

19 母は髪を結うのが上手だ。（　　）

20 誠を尽くして祖母の看病をした。（　　）

21 怖い怪談話に震え上がった。（　　）

22 怪しい物音に振り返った。（　　）

23 互譲の精神で和平を実現する。（　　）

24 不要なものは譲ってください。（　　）

2

後の［　　］内のひらがなを漢字に直して（　）に入れ、対義語・類義語を作れ。［　　］内のひらがなは一度だけ使い、漢字一字を記せ。

対義語

1 善良—（　　）悪

2 自由—束（　　）

3 進展—停（　　）

4 棄却—採（　　）

5 供給—（　　）要

類義語

6 退治—征（　　）

7 平定—（　　）圧

8 直面—（　　）遇

9 重荷—負（　　）

10 綿密—周（　　）

［じゃ・じゅ・そう・たい・たく・たん・ちん・とう・ばく・ばつ］

3

次の各文にまちがって使われている同じ読みの漢字が一字ある。上に誤字を、下に正しい漢字を記せ。

	誤	正
1 この作家は大帝国の興亡を克明に描いた長片の歴史小説で人気を博した。	（　）	（　）
2 刑事事件の心理では、申し出があれば被害者側の意見陳述が認められる。	（　）	（　）
3 海外に注在している姉夫婦がくれた手紙には鮮やかな色彩の切手がはられていた。	（　）	（　）
4 五重の塔を忠実に再現した縮尺モデルに、強い振動を加え、耐震性を超査した。	（　）	（　）
5 急激な経済成長で国民の生活水準は向上したが、払った犠征も大きかった。	（　）	（　）

4 次の——線のカタカナを漢字に直せ。

1 子どもが**ネンド**で遊んでいる。

2 **ハイキ**管から白い煙が出ている。

3 分刻みの予定に**シバ**られる。

4 船は**ホ**をあげて外海に出ていく。

5 病院で**ケンニョウ**と採血をした。

6 **ロウバシン**ながら申し上げます。

7 アメリカの裁判は**バイシン**制だ。

8 **サツバツ**とした世相を嘆く。

9 時間に**ソクバク**されたくない。

10 大きな**ハンセン**の模型を作る。

11 かなり**ネバ**り気のある米だ。

12 派遣社員で人員不足を**オギナ**う。

13 卵を片手で**ワ**るのは難しい。

14 生活の**キョテン**を海外に移す。

15 電車のダイヤが**コンラン**した。

16 無事を聞いて**ムネ**をなで下ろす。

17 集中豪雨で堤防が**ケッカイ**する。

18 部屋の**マドベ**に花を飾った。

19 眼前に**シンピ**的な風景が広がる。

20 二酸化炭素は重い**キタイ**だ。

21 彼は将来を**キタイ**されている。

22 強風で**キタイ**が大きくゆれた。

23 危険物の持ち込みは**ゲンキン**だ。

24 旅行の費用を**ゲンキン**で払う。

使い分けよう！ **あらい【荒・粗】**

荒い…例 波が荒い　気が荒い　金遣いが荒い
（はげしい・乱暴である・度を越している）

粗い…例 網の目が粗い　きめが粗い　粗い仕上げ
（粒やすき間が大きい・大ざっぱ・滑らかでない）

ステップ 27

漢字	読み	画数	部首	部首名	漢字の意味	用例	筆順
伴	音 ハン・バン 訓 ともな(う)	7	亻	にんべん	つれていく・ともなう・なかま	伴食《ばんしょく》・伴走《ばんそう》・伴奏《ばんそう》・随伴《ずいはん》・同伴《どうはん》・相伴《しょうばん》・相伴《あいとも》う	伴 伴 伴 伴 伴 伴 伴
畔	音 ハン 訓 ―	10	田	たへん	あぜ・ほとり・かたわら	河畔《かはん》・橋畔《きょうはん》・湖畔《こはん》・池畔《ちはん》	畔 畔 畔 畔 畔 畔 畔 畔 畔 畔
藩	音 ハン 訓 ―	18	艹	くさかんむり	大名の支配した領地・さかい	藩学《はんがく》・藩校《はんこう》・藩士《はんし》・藩主《はんしゅ》・藩制《はんせい》・脱藩《だっぱん》・廃藩《はいはん》・列藩《れっぱん》	藩 藩 藩3 藩 藩 藩6 藩 藩 藩9 藩 藩 藩 藩13 藩 藩 藩 藩 藩18
蛮	音 バン 訓 ―	12	虫	むし	文化のひらけていない種族・行いが荒っぽい	蛮行《ばんこう》・蛮人《ばんじん》・蛮声《ばんせい》・蛮勇《ばんゆう》・野蛮《やばん》	蛮 蛮2 蛮 蛮 蛮 蛮 蛮 蛮8 蛮 蛮
卑	音 ヒ 訓 いや(しい)高 いや(しむ)高 いや(しめる)高	9	十	じゅう	いやしい・ひくい・へりくだる	卑近《ひきん》・卑屈《ひくつ》・卑下《ひげ》・卑見《ひけん》・卑俗《ひぞく》・卑劣《ひれつ》・尊卑《そんぴ》・野卑《やひ》	卑 卑 卑 卑 卑 卑 卑 卑 卑
碑	音 ヒ 訓 ―	14	石	いしへん	いしぶみ・石に文字をほったもの	碑文《ひぶん》・碑銘《ひめい》・歌碑《かひ》・記念碑《きねんひ》・句碑《くひ》・詩碑《しひ》・石碑《せきひ》・墓碑《ぼひ》	碑 碑 碑 碑 碑5 碑 碑7 碑 碑 碑 碑11 碑 碑 碑
泌	音 ヒツ・ヒ高 訓 ―	8	氵	さんずい	しみでる・にじみでる	泌尿器《ひにょうき》《ひつにょうき》・分泌《ぶんぴつ》《ぶんぴ》	泌 泌 泌 泌 泌 泌 泌 泌
姫	音 ― 訓 ひめ	10	女	おんなへん	身分の高い人の娘・女の子・小さい	姫君《ひめぎみ》・姫松《ひめまつ》・歌姫《うたひめ》・かぐや姫《ひめ》・白雪姫《しらゆきひめ》・舞姫《まいひめ》	姫 姫 姫 姫 姫 姫 姫 姫 姫 姫

練習問題

1 ／24
2 ／9
3 ／5
4 ／24

月　日

1 次の——線の漢字の読みをひらがなで記せ。

1 保護者同伴で面接試験を受ける。

2 セーヌ河畔の並木道を散歩した。

3 卑見を述べさせていただく。

4 蛮勇を奮って計画を断行する。

5 彼は名実相伴う立派な政治家だ。

6 胃液の分泌が不足気味のようだ。

7 石碑の文字を繰り返し模写する。

8 創作劇で姫君の役を演じる。

9 頼まれてピアノの伴奏をする。

10 明治政府は旧来の藩制を廃《はい》した。

11 応援席で蛮声を張り上げた。

12 そんなに卑下する必要はない。

13 境内には名士の句碑がある。

14 歌姫の美声に聞きほれた。

15 卑劣な手段を使ってはならない。

16 彼らはとても似合いの夫婦だ。

17 卵黄を使ってプリンを作る。

18 踏切内で乗用車が立ち往生した。

19 ライバル同士の因縁の対決だ。

20 彼は仏の化身のような人物だ。

21 滞納していた会費を払った。

22 式典は滞りなく進行していった。

23 関連会社の顧問に就任する。

24 近隣の迷惑を顧みない大音響だ。

2 次の――線のカタカナにあてはまる漢字をそれぞれのア～オから一つ選び、記号で記せ。

1 ヒ近な例を挙げて易しく説明する。（　）
2 小高い丘の上に歌ヒが建っている。（　）
3 表情にはヒ労が色濃く現れていた。（　）
（ア 卑　イ 避　ウ 碑　エ 疲　オ 被）

4 冷トウ食品をレンジで調理する。（　）
5 真っ白なトウ磁器に料理を盛る。（　）
6 かつて天然トウが猛威を振るった。（　）
（ア 痘　イ 陶　ウ 透　エ 盗　オ 凍）

7 いつか太平洋をハン船で渡りたい。（　）
8 機械でにせ札をハン別する。（　）
9 幕末のハン校では武術も学んだ。（　）
（ア 伴　イ 畔　ウ 藩　エ 判　オ 帆）

3 1～5の三つの□に共通する漢字を入れて熟語を作れ。漢字はア～コから一つ選び、記号で記せ。

1 先□・変□・□学（　）
2 □行・野□・□勇（　）
3 傾□・傍□・□講（　）
4 野□・尊□・□屈（　）
5 □圧・重□・□魂（　）

ア 鎮　イ 啓　ウ 聴　エ 向　オ 優
カ 卑　キ 蛮　ク 哲　ケ 陳　コ 変

4 次の――線のカタカナを漢字に直せ。

1 **コハン**のホテルで休日を過ごす。

2 法改正に**トモナ**い規約を改める。

3 言動は**ヤバン**だが根はいい人だ。

4 **ボヒ**には彼の俗名が記された。

5 夏には汗の**ブンピツ**量が増える。

6 かぐや**ヒメ**は光る竹から現れた。

7 通訳として特使に**ズイハン**した。

8 吉《よし》田《だ》松《しょう》陰《いん》は長州の**ハンシ**だった。

9 **ヒゾク**な言葉遣いを注意する。

10 私もお**ショウバン**にあずかった。

11 ある程度の**ゴサ**は許容できる。

12 研究の**リョウイキ**を広げる。

13 試合のため外国に**エンセイ**する。

14 不純物が**チンデン**していた。

15 同世代の活躍に**シゲキ**を受ける。

16 **コクモツ**と野菜を輸入する。

17 二人の**カドデ**を祝して乾杯する。

18 **オウギ**をかざして舞い踊った。

19 大臣が南米諸国を**レキホウ**する。

20 両国の国歌を**エンソウ**する。

21 水害を防ぐ**ホウサク**を考える。

22 **ホウサク**を祝って祭りをする。

23 学生の**マチ**らしく活気がある。

24 彼女は下**マチ**で生まれ育った。

使い分けよう! **しめる【締・絞・閉】**

締める…例 帯を締める　ねじを締める（しめつける）

絞める…例 首を絞める　羽交《はが》い絞め（しぼるように押さえつける）

閉める…例 ふたを閉める　店を閉める（開いていたものをとじる）

漢字	読み	画数	部首	部首名	漢字の意味	用例
漂	音 ヒョウ 訓 ただよ(う)	14	氵	さんずい	ただよう・さらす	漂船《ひょうせん》・漂着《ひょうちゃく》・漂白《ひょうはく》・漂泊《ひょうはく》・漂流《ひょうりゅう》・気品《きひん》が漂《ただよ》う
苗	音 ビョウ 高 訓 なえ なわ	8	艹	くさかんむり	なえ・子孫	種苗《しゅびょう》・痘苗《とうびょう》・苗木《なえぎ》・苗床《なえどこ》・苗代《なわしろ なえしろ》・早苗《さなえ》
赴	音 フ 訓 おもむ(く)	9	走	そうにょう	おもむく・目的地へ行く	赴任《ふにん》・快方《かいほう》に赴《おもむ》く・任地《にんち》に赴《おもむ》く
符	音 フ 訓 ―	11	⺮	たけかんむり	まもりふだ・しるし・証拠となるふだ	符号《ふごう》・符合《ふごう》・音符《おんぷ》・切符《きっぷ》・疑問符《ぎもんふ》・終止符《しゅうしふ》・免罪符《めんざいふ》
封	音 フウ ホウ 訓 ―	9	寸	すん	とじる・領地をあたえる・境界	封印《ふういん》・封鎖《ふうさ》・封筒《ふうとう》・封建的《ほうけんてき》・開封《かいふう》・完封《かんぷう》・密封《みっぷう》・素封家《そほうか》
伏	音 フク 訓 ふ(せる) ふ(す)	6	亻	にんべん	ふせる・かくす・相手にしたがう	伏線《ふくせん》・伏兵《ふくへい》・起伏《きふく》・屈伏《くっぷく》・降伏《こうふく》・潜伏《せんぷく》・平伏《へいふく》・伏《ふ》し目《め》
覆	音 フク 訓 おお(う) くつがえ(す) 高 くつがえ(る) 高	18	覀	おおいかんむり	かぶせる・ひっくり返す・くり返す	覆水《ふくすい》・覆面《ふくめん》・転覆《てんぷく》・被覆《ひふく》・目《め》を覆《おお》う
紛	音 フン 訓 まぎ(れる) まぎ(らす) まぎ(らわす) まぎ(らわしい)	10	糸	いとへん	もつれる・まぎれてしまう・みだれる	紛失《ふんしつ》・紛争《ふんそう》・諸説紛紛《しょせつふんぷん》・内紛《ないふん》・苦《くる》し紛《まぎ》れ

ステップ28

練習問題

1	/24
2	/10
3	/10
4	/24

月　日

1 次の――線の漢字の読みをひらがなで記せ。

1 主人公は長い漂泊の旅に出た。（　）
2 伏線に気づかずに読み進んだ。（　）
3 県知事が工場の視察に赴いた。（　）
4 五線に音符を書き写した。（　）
5 容器に入れて密封する。（　）
6 何気ないしぐさに気品が漂う。（　）
7 政権転覆の企てが明るみに出る。（　）
8 外出中に大事な書類を紛失する。（　）
9 十日の潜伏期間を経て発病した。（　）
10 シャツについたしみを漂白する。（　）
11 苗床にまいた種が発芽した。（　）
12 今春から関東の支社に赴任する。（　）
13 彼は素封家の一人に数えられる。（　）
14 池の表面は水草に覆われている。（　）
15 投書は名前を伏せて発表された。（　）
16 気を紛らすため旅行に出かける。（　）
17 覆面をしたレスラーが登場した。（　）
18 投手の好投で完封勝ちした。（　）
19 とうてい太刀打ちできない。（　）
20 幕末の諸大名の石高を調べる。（　）
21 会議での既決事項を確認する。（　）
22 彼女は既に名が知られた作家だ。（　）
23 物音がした辺りを凝視する。（　）
24 息を凝らして成り行きを見守る。（　）

2 次の漢字の中で一つだけ他の漢字とは部首が異なるものがある。その漢字の記号を記せ。

1 〔ア 墾　イ 堅　ウ 至　エ 墜　オ 塗〕（　　）
2 〔ア 酒　イ 混　ウ 沈　エ 漂　オ 瀬〕（　　）
3 〔ア 蒸　イ 荒　ウ 葬　エ 夢　オ 茂〕（　　）
4 〔ア 難　イ 雇　ウ 稚　エ 雅　オ 雄〕（　　）
5 〔ア 展　イ 尾　ウ 屈　エ 尿　オ 昼〕（　　）
6 〔ア 舌　イ 啓　ウ 否　エ 哲　オ 善〕（　　）
7 〔ア 博　イ 率　ウ 卓　エ 卒　オ 卑〕（　　）
8 〔ア 寺　イ 封　ウ 導　エ 対　オ 符〕（　　）
9 〔ア 祈　イ 視　ウ 祉　エ 祝　オ 礼〕（　　）
10 〔ア 影　イ 彩　ウ 形　エ 参　オ 彫〕（　　）

3 次の各組の熟語が対義語の関係になるように、（　）に入る漢字を後の□の中から選べ。

1 尊大―（　）下
2 高雅―低（　）
3 新鮮―（　）腐
4 老成―幼（　）
5 勤勉―（　）慢
6 未満―（　）過
7 子孫―先（　）
8 利益―（　）失
9 受理―（　）下
10 普通―特（　）

却・殊・祖・俗・損・怠・稚・超・陳・卑

4 次の――線のカタカナを漢字に直せ。

1 駅伝のため道路が**フウサ**された。
2 彼女は感情の**キフク**が激しい。
3 **ナワシロ**に稲の種もみをまいた。
4 **フクスイ**盆に返らず
5 与党では**ナイフン**が続いている。
6 **ホウケン**的な企業体質が残る。
7 データは事実と**フゴウ**していた。
8 心の**オモム**くままに生きたい。
9 波間に小舟が**タダヨ**っている。
10 校庭に桜の**ナエギ**を植える。
11 物陰に**フ**して様子をうかがう。
12 目を**オオ**うばかりの惨状だった。
13 忙しさに**マギ**れて返事が遅れた。
14 船が無人島に**ヒョウチャク**した。
15 劇場に**カイマク**のベルが響く。
16 発生原因を**ゲンミツ**に解明する。
17 農園で**イモホ**りを体験した。
18 遅刻して**ヒラアヤマ**りをした。
19 **ゴウカイ**な笑い方をする人だ。
20 食卓にブドウを**モ**った皿を置く。
21 彼は自分を**カダイ**評価していた。
22 夏休み中に**カダイ**図書を読む。
23 一刻も早い解決を**ノゾ**む。
24 命運をかけて試合に**ノゾ**む。

孤城落日（こじょうらくじつ）
「零落《れいらく》して昔の勢いを失い、助けもなく心細いさま」を表す四字熟語です。「孤城」は孤立無援の城、「落日」は西に傾く夕日を表し、没落《ぼつらく》に向かう状態をたとえています。「古城落日」と書き誤らないように注意しましょう。

ステップ29

漢字	墳	癖	募	慕	簿	芳	邦	奉
読み	音 フン 訓 ――	音 ヘキ 訓 くせ	音 ボ 訓 つの(る)	音 ボ 訓 した(う)	音 ボ 訓 ――	音 ホウ 訓 かんば(しい) 高	音 ホウ 訓 ――	音 ホウ ブ 訓 たてまつ(る) 高
画数	15	18	12	14	19	7	7	8
部首	土	疒	力	㣺	𥫗	艹	阝	大
部首名	つちへん	やまいだれ	ちから	したごころ	たけかんむり	くさかんむり	おおざと	だい
漢字の意味	土をもり上げて作った墓・おか・大きい	人のくせ・やまい	つのる・広くもとめる	したう・恋しく思う・尊敬して見習う	帳面・紙をとじたもの	いいにおい・評判がよい・他人の事の尊称	国・日本の・我が国の	さし上げる・つかえる・うけたまわる
用例	墳丘《ふんきゅう》・墳墓《ふんぼ》・円墳《えんぷん》・古墳《こふん》・方墳《ほうふん》	潔癖《けっぺき》・習癖《しゅうへき》・性癖《せいへき》・病癖《びょうへき》・放浪癖《ほうろうへき》・口癖《くちぐせ》・難癖《なんくせ》・寝癖《ねぐせ》	募金《ぼきん》・募集《ぼしゅう》・応募《おうぼ》・急募《きゅうぼ》・公募《こうぼ》・寄付《きふ》を募《つの》る	慕情《ぼじょう》・敬慕《けいぼ》・思慕《しぼ》・追慕《ついぼ》・恋慕《れんぼ》・徳《とく》を慕《した》う	簿記《ぼき》・家計簿《かけいぼ》・原簿《げんぼ》・出納簿《すいとうぼ》・帳簿《ちょうぼ》・名簿《めいぼ》	芳紀《ほうき》・芳香《ほうこう》・芳志《ほうし》・芳書《ほうしょ》・芳名《ほうめい》・成績《せいせき》が芳《かんば》しくない	邦貨《ほうか》・邦画《ほうが》・邦楽《ほうがく》・邦人《ほうじん》・邦訳《ほうやく》・本邦《ほんぽう》・友邦《ゆうほう》・連邦《れんぽう》	奉公《ほうこう》・奉仕《ほうし》・奉職《ほうしょく》・奉納《ほうのう》・奉行所《ぶぎょうしょ》・信奉《しんぽう》・会長《かいちょう》に奉《たてまつ》る
筆順	墳 墳3 墳 墳 墳 墳 墳 墳13 墳15	癖 癖2 癖 癖5 癖 癖7 癖 癖11 癖13 癖15 癖17 癖	募 募3 募 募 募 募7 募 募 募 募	慕 慕 慕 慕7 慕 慕10 慕 慕 慕 慕	簿 簿6 簿 簿9 簿 簿 簿 簿14 簿 簿 簿 簿19	芳 芳 芳 芳 芳 芳 芳	邦 邦 邦 邦 邦 邦 邦	奉 奉 奉 奉 奉 奉 奉 奉

ステップ 29

練習問題

1	/24
2	/9
3	/10
4	/24

月　日

1 次の——線の漢字の読みをひらがなで記せ。

1 平和主義を信奉している。
2 無くて七癖有って四十八癖
3 本邦初公演のミュージカルだ。
4 敬慕してやまない師を失った。
5 受付で芳名録に記帳した。
6 兄には夜ふかしの習癖がある。
7 商店街で募金を呼びかけた。
8 主将は部員から慕われていた。
9 古代に築かれた墳墓を調査した。
10 二重帳簿による不正が発覚する。
11 昔から邦楽に親しんできた。
12 神社に参拝して絵馬《えま》を奉納した。
13 恋慕の情は隠しきれない。
14 何かと難癖をつけられて困る。
15 日ごとに寒さが募ってきた。
16 友邦として親交を深める。
17 彼女は芳紀まさに十八歳だ。
18 江戸《えど》時代の奉行所が再現された。
19 彼は財界を長く牛耳ってきた。
20 毎年、正月には雑煮を食べる。
21 領土問題で紛争が続いている。
22 やみに紛れて姿を消した。
23 諸賢のご判断を仰ぎたい。
24 この犬は賢くておとなしい。

2 次の――線のカタカナにあてはまる漢字をそれぞれのア～オから一つ選び、記号で記せ。

1 短期アルバイトを**ボ**集している。
2 故人を追**ボ**する碑が建てられた。
3 私は毎日、家計**ボ**をつけている。
（ア 慕　イ 簿　ウ 母　エ 墓　オ 募）

4 シャツに油汚れが**フ**着している。
5 問題にようやく終止**フ**が打たれた。
6 春から離島の病院に**フ**任する。
（ア 普　イ 符　ウ 付　エ 赴　オ 負）

7 電流計の針が大きく右に**フ**れた。
8 折に**フ**れて祖母に手紙を出す。
9 犬は体を**フ**せて眠り始めた。
（ア 触　イ 殖　ウ 振　エ 踏　オ 伏）

3 熟語の構成のしかたには次のようなものがある。

ア 同じような意味の漢字を重ねたもの（岩石）
イ 反対または対応の意味を表す字を重ねたもの（高低）
ウ 上の字が下の字を修飾しているもの（洋画）
エ 下の字が上の字の目的語・補語になっているもの（着席）
オ 上の字が下の字の意味を打ち消しているもの（非常）

次の熟語は右のア～オのどれにあたるか、一つ選び、記号で記せ。

1 芳香
2 不穏
3 応募
4 潔癖
5 排斥
6 尊卑
7 養豚
8 隠匿
9 孤独
10 起伏

4 次の――線のカタカナを漢字に直せ。

1 好ましくない**クチグセ**を改める。

2 開発職の求人に**オウボ**する。

3 彼の人柄を**シタ**って客が集まる。

4 この辺りには**コフン**が多い。

5 アメリカは**レンポウ**国家だ。

6 熱帯産の果物が**ホウコウ**を放つ。

7 **ホウシ**活動で公園を清掃する。

8 **メイボ**を見ながら点呼をとった。

9 キャンプの参加者を**ツノ**る。

10 先輩にひそかな**ボジョウ**を抱く。

11 道徳的な**ケッペキ**さを貫く。

12 **ショウボウショ**の見学に訪れた。

13 肩の**コショウ**で試合を欠場した。

14 **ヒヤク**的な増収が見込まれる。

15 少数**セイエイ**で研究に取り組む。

16 私鉄の**ウンチン**が値上げされた。

17 計画は**スジガ**き通りに進んだ。

18 兄はしかられて頭を**タ**れている。

19 衝突で船腹を**ソンショウ**した。

20 資料に**ホソク**の説明を追加する。

21 道路交通法の**ホソク**を定める。

22 書籍の出版**モト**を調べる。

23 事実に**モト**づいた小説だ。

24 国民は法の**モト**に平等である。

読み方をまちがえやすい漢字

Q…次の語の読み方は？ ①相克 ②措辞 ③脅す

A…①そうこく ②そじ ③おど(す)

「相克」は「そうかつ」、「措辞」は「せきじ」「しゃくじ」、「脅す」は「おどか(す)」などと読み誤りやすいので注意しましょう。

漢字	読み	画数	部首	部首名	漢字の意味	用例	筆順
胞	音 ホウ 訓 ―	9	月	にくづき	母の胎内・生物体をつくる最小単位	胞子《ほうし》・細胞《さいぼう》・同胞《どうほう》《どうぼう》	
倣	音 ホウ 訓 なら(う) 高	10	亻	にんべん	まねをする・ならう	模倣《もほう》・前例《ぜんれい》に倣《なら》う	
崩	音 ホウ 訓 くず(れる) くず(す)	11	山	やま	こわれる・天子が亡《な》くなること	崩壊《ほうかい》・崩御《ほうぎょ》・崩落《ほうらく》・山崩《やまくず》れ・雪崩《なだれ》・列《れつ》を崩《くず》す	
飽	音 ホウ 訓 あ(きる) あ(かす)	13	飠	しょくへん	腹いっぱい・あきる・十分である	飽食《ほうしょく》・飽和《ほうわ》・暖衣飽食《だんいほうしょく》・見飽《みあ》きる・暇《ひま》に飽《あ》かす	
縫	音 ホウ 訓 ぬ(う)	16	糹	いとへん	ぬう・とりつくろう・ぬいめ	縫合《ほうごう》・縫製《ほうせい》・裁縫《さいほう》・天衣無縫《てんいむほう》・縫《ぬ》い目《め》・合間《あいま》を縫《ぬ》う	
乏	音 ボウ 訓 とぼ(しい)	4	ノ	の はらいぼう	たりない・とぼしい・まずしい	窮乏《きゅうぼう》・器用貧乏《きようびんぼう》・欠乏《けつぼう》・耐乏《たいぼう》・貧乏《びんぼう》・経験《けいけん》が乏《とぼ》しい	
妨	音 ボウ 訓 さまた(げる)	7	女	おんなへん	じゃまをする	妨害《ぼうがい》・進行《しんこう》を妨《さまた》げる	
房	音 ボウ 訓 ふさ	8	戸	とだれ とかんむり	へや・こしつ・ふさ・ふさ状のもの	官房《かんぼう》・工房《こうぼう》・子房《しぼう》・暖房《だんぼう》・文房具《ぶんぼうぐ》・冷房《れいぼう》・乳房《ちぶさ》《にゅうぼう》・花房《はなぶさ》	

ステップ 30

練習問題

1	/24
2	/10
3	/10
4	/24

月　日

1 次の——線の漢字の読みをひらがなで記せ。

1 山崩れで道路が通行止めになる。（　　）
2 入学を前に文房具をそろえる。（　　）
3 選挙を妨害する事件が相次ぐ。（　　）
4 経験が乏しく、まだ半人前だ。（　　）
5 ミシンを使って洋服を縫製する。（　　）
6 飽食の世にも餓死する人がいる。（　　）
7 天皇の崩御に伴い元号を改める。（　　）
8 毛糸で房のついた帽子を編んだ。（　　）
9 旧習が組織の改革を妨げている。（　　）
10 夢を追って耐乏生活をしていた。（　　）

11 病院で傷口を縫合してもらった。（　　）
12 被子植物は子房が果実になる。（　　）
13 見飽きることのない絶景だ。（　　）
14 栄華を極めた帝国も崩壊した。（　　）
15 悪質な模倣品を取り締まる。（　　）
16 カビの胞子が大量に飛び散った。（　　）
17 人混みを縫うように進んだ。（　　）
18 ブドウを一房ずつ手で収穫した。（　　）
19 鉄分が欠乏して貧血になる。（　　）
20 春先は雪崩が起こりやすい。（　　）
21 わがままな性分を直したい。（　　）
22 迷信に惑わされないようにする。（　　）
23 解凍した魚を焼いて食べた。（　　）
24 あまりの寒さに手足が凍えた。（　　）

2

次の――線のカタカナを漢字一字と送りがな（ひらがな）に直せ。

〈例〉問題にコタエル。（答える）

1 悪天候で開催がアヤブマれる。（　　）
2 郷に入っては郷にシタガエ（　　）
3 最後は運を天にマカセル。（　　）
4 民衆に大きな犠牲をシイル。（　　）
5 両社の商標はマギラワシイ。（　　）
6 父は漁業のサカンナ町で育った。（　　）
7 週末は暇にアカシて遊び回る。（　　）
8 思わず目をソムケル光景だった。（　　）
9 話し合いの場がモウケられる。（　　）
10 師匠に作品をほめてイタダイた。（　　）

3

文中の四字熟語の――線のカタカナを漢字に直し、二字で記せ。

1 天衣ムホウな人柄が愛された。（　　）
2 ハクリ多売の販売戦略をとる。（　　）
3 総会はギロン百出で混乱した。（　　）
4 一触ソクハツの事態を招く。（　　）
5 ココン東西の名品を集める。（　　）
6 メイジツ一体の横綱を目指す。（　　）
7 器用ビンボウで大成しない。（　　）
8 事業は順風マンパンの勢いだ。（　　）
9 意味シンチョウな一言であった。（　　）
10 一石ニチョウの妙案を思いつく。（　　）

4 次の――線のカタカナを漢字に直せ。

1 かせぐに追いつく**ビンボウ**なし
2 シャツにボタンを**ヌ**い付けた。
3 定員超過で施設は**ホウワ**状態だ。
4 **ダンボウ**がききすぎて汗ばむ。
5 トンネルで岩盤が**ホウラク**した。
6 体は多くの**サイボウ**から成る。
7 ようやく**モホウ**の域を脱した。
8 違法駐車が通行を**サマタ**げた。
9 日本は天然資源に**トボ**しい国だ。
10 家庭科の授業で**サイホウ**を習う。
11 彼の自慢話はもう聞き**ア**きた。
12 週末には天気が**クズ**れそうだ。

13 子犬が母犬の**チブサ**を探る。
14 留学生の生活を**シエン**する。
15 いつか**ウチュウ**旅行に行きたい。
16 まだ**オサナ**い弟と手をつないだ。
17 **ショウライ**は科学者になりたい。
18 期待と希望に顔を**カガヤ**かせた。
19 重役会議の**ヨウシ**をまとめた。
20 **ヨウシ**や身だしなみに気を配る。
21 **ハン**に分かれて工場を視察する。
22 書類に上司の**ハン**をもらう。
23 敵将と戦って首を**ウ**ち取った。
24 久しぶりに心を**ウ**つ話を聞いた。

意気衝天（いきしょうてん）
「このうえなく意気込みが盛んなこと」という意味の四字熟語です。「衝天」は「天を突く（衝《つ》く）」という意味で、それほど勢いが盛んであることを表します。この「衝天」を「昇天」と書き誤らないように注意しましょう。

ステップ 25-30

力だめし 第5回

総得点 /100

評価

A

80点 B

75点 C

70点 D

60点 E

月　日

1 次の――線の漢字の読みをひらがなで記せ。

1×10　/10

1 畑にトマトの苗を植える。

2 運賃を調べて切符を買った。

3 各国で在留邦人が活躍している。

4 帆柱を立てたヨットが停泊中だ。

5 内容に乏しい議論が続いた。

6 封印を破って中身を取り出す。

7 抵抗の末、侵略者に屈伏した。

8 病状がようやく快方に赴いた。

9 平和を願い、記念碑を建設する。

10 社会に奉仕する精神を養う。

2 次の漢字の部首をア〜エから一つ選び、記号で記せ。

1×10　/10

1 籍（ア ⺮　イ 二　ウ 耒　エ 日）

2 塗（ア 氵　イ 人　ウ 土　エ 小）

3 超（ア 走　イ 土　ウ 刀　エ 口）

4 痘（ア 厂　イ 广　ウ 疒　エ 豆）

5 慕（ア 艹　イ 日　ウ 大　エ 小）

6 匿（ア 艹　イ 匚　ウ 一　エ 口）

7 舞（ア 丿　イ 一　ウ 夕　エ 舛）

8 鍛（ア 釒　イ 几　ウ 又　エ 殳）

9 帝（ア 亠　イ 巾　ウ 冖　エ 立）

10 藩（ア 艹　イ 氵　ウ 釆　エ 田）

3 次の――線のカタカナを漢字一字と送りがな（ひらがな）に直せ。

〈例〉問題に**コタエル**。（答える）

1×10 /10

1 陶芸の町として**サカエル**。

2 向かってくる敵を**シリゾケル**。

3 日暮れまでに買い物を**スマス**。

4 国によって習慣は**コトナル**。

5 愛犬を**トモナイ**旅行をした。

6 花の香りが**タダヨッ**ている。

7 害虫が発生して葉が**チヂレル**。

8 音楽に合わせて**カロヤカニ**舞う。

9 母は**マッタク**お酒が飲めない。

10 旧友との**カタライ**に時を忘れる。

---

4 1～5の三つの□に共通する漢字を入れて熟語を作れ。漢字はア～コから一つ選び、記号で記せ。

2×5 /10

1 □採・討□・殺□

2 内□・□争・□失

3 □除・□水・□出

4 公□・□集・□金

5 □鎖・開□・□建的

ア 乱　イ 排　ウ 論　エ 閉　オ 伐
カ 幕　キ 紛　ク 俳　ケ 募　コ 封

5

熟語の構成のしかたには次のようなものがある。

1×10 ／10

ア 同じような意味の漢字を重ねたもの（岩石）
イ 反対または対応の意味を表す字を重ねたもの（高低）
ウ 上の字が下の字を修飾しているもの（洋画）
エ 下の字が上の字の目的語・補語になっているもの（着席）
オ 上の字が下の字の意味を打ち消しているもの（非常）

次の熟語は右のア～オのどれにあたるか、一つ選び、記号で記せ。

1 塗料（　　）
2 経緯（　　）
3 未明（　　）
4 崩壊（　　）
5 解凍（　　）
6 不詳（　　）
7 攻守（　　）
8 佳境（　　）
9 排尿（　　）
10 欠乏（　　）

6

後の［　］内のひらがなを漢字に直して（　）に入れ、対義語・類義語を作れ。［　］内のひらがなは一度だけ使い、漢字一字を記せ。

1×10 ／10

対義語

1 協力―（　　）害
2 解放―束（　　）
3 切開―（　　）合
4 支配―（　　）属
5 独創―（　　）倣

類義語

6 検討―（　　）議
7 次第―順（　　）
8 下品―（　　）俗
9 許可―承（　　）
10 早速―（　　）刻

［じゅう・じょ・しん・そっ・にん・ばく・ひ・ほう・ぼう・も］

7

文中の四字熟語の――線のカタカナを漢字に直し、二字で記せ。

2×10 /20

1 敵に囲まれ**コリツ**無援の状態だ。（　　）

2 識者の高論**タクセツ**を聞く。（　　）

3 史跡の故事**ライレキ**を調べる。（　　）

4 彼は**チョクジョウ**径行な青年だ。（　　）

5 **シタサキ**三寸で言いくるめた。（　　）

6 **タンダイ**心小の心構えを持つ。（　　）

7 逆転優勝して**キョウキ**乱舞した。（　　）

8 職場での公私**コンドウ**を慎む。（　　）

9 **イタイ**同心の仲間と支え合う。（　　）

10 投手の**イッキョ**一動を見守る。（　　）

8

次の――線のカタカナを漢字に直せ。

2×10 /20

1 各国の代表選手が技を**キソ**う。（　　）

2 **シツギ**応答の時間を設ける。（　　）

3 正しい**シセイ**で机に向かう。（　　）

4 現金の出納を**チョウボ**につけた。（　　）

5 兄は田舎の家業を引き**ツ**いだ。（　　）

6 三匹の**ブタ**が登場する物語だ。（　　）

7 起きたら**ネグセ**がついていた。（　　）

8 フジが薄紫の**ハナブサ**を垂らす。（　　）

9 **ネバ**られて根負けしてしまった。（　　）

10 料理をする前には手を**アラ**う。（　　）

漢字表

ステップ 31

漢字	読み	画数	部首	部首名	漢字の意味	用例	筆順
某	音 ボウ 訓 ―	9	木	き	時、所、名などを伏せて指すのに用いる語	某国《ぼうこく》・某氏《ぼうし》・某紙《ぼうし》・某誌《ぼうし》・某日《ぼうじつ》・某社《ぼうしゃ》・某所《ぼうしょ》	某 某 某 某 某 某 某 某 某
膨	音 ボウ 訓 ふく(らむ) ふく(れる)	16	月	にくづき	ふくれる・はれる	膨大《ぼうだい》・膨張《ぼうちょう》・青膨《あおぶく》れ・着膨《きぶく》れ・希望《きぼう》が膨《ふく》らむ	膨5 膨 膨 膨9 膨 膨 膨 膨 膨 膨16
謀	音 ボウ ム 高 訓 はか(る) 高	16	言	ごんべん	あれこれとやり方を考える・たくらむ	謀略《ぼうりゃく》・謀反《むほん》・陰謀《いんぼう》・共謀《きょうぼう》・策謀《さくぼう》・深謀遠慮《しんぼうえんりょ》・無謀《むぼう》	謀4 謀7 謀 謀10 謀 謀 謀 謀 謀 謀
墨	音 ボク 訓 すみ	14	土	つち	書画に用いるすみ・「墨子《ぼくし》」のこと	墨守《ぼくしゅ》・墨汁《ぼくじゅう》・墨跡《ぼくせき》・水墨《すいぼく》・墨絵《すみえ》・お墨付《すみつ》き・靴墨《くつずみ》	墨2 墨4 墨 墨 墨 墨 墨11 墨 墨 墨
没	音 ボツ 訓 ―	7	氵	さんずい	しずむ・熱中する・とりあげる・死ぬ	没収《ぼっしゅう》・没頭《ぼっとう》・没落《ぼつらく》・出没《しゅつぼつ》・神出鬼没《しんしゅつきぼつ》・沈没《ちんぼつ》・日没《にちぼつ》	没 没 没 没 没 没 没
翻	音 ホン 訓 ひるがえ(る) 高 ひるがえ(す) 高	18	羽	はね	ひらひらする・作りかえる	翻案《ほんあん》・翻意《ほんい》・翻刻《ほんこく》・翻訳《ほんやく》・翻弄《ほんろう》・反旗《はんき》を翻《ひるがえ》す	翻3 翻 翻 翻7 翻9 翻 翻13 翻15 翻 翻18
魔	音 マ 訓 ―	21	鬼	おに	あやしい術・害をあたえる人	魔術《まじゅつ》・魔女《まじょ》・魔法《まほう》・悪魔《あくま》・邪魔《じゃま》・睡魔《すいま》・病魔《びょうま》・魔《ま》が差《さ》す	魔3 魔7 魔11 魔 魔14 魔 魔17 魔19 魔 魔
埋	音 マイ 訓 う(める) う(まる) う(もれる)	10	𡈽	つちへん	土の中へうめる・かくす	埋設《まいせつ》・埋葬《まいそう》・埋蔵《まいぞう》・埋没《まいぼつ》・埋《う》め立《た》て・埋《う》もれ木《ぎ》・穴埋《あなう》め	埋 埋 埋 埋 埋 埋 埋 埋 埋 埋

ステップ 31

練習問題

1	／24
2	／10
3	／10
4	／24

月　日

1 次の――線の漢字の読みをひらがなで記せ。

1 国民の医療費は膨張する一方だ。（　　）
2 専門家のお墨付きをもらった。（　　）
3 外国語に翻訳しにくい表現もある。（　　）
4 不幸にして病魔に冒された。（　　）
5 彼らは無謀な計画を推し進めた。（　　）
6 石油の埋蔵量には限りがある。（　　）
7 特ダネを某紙にすっぱ抜かれた。（　　）
8 新生活への期待に胸を膨らます。（　　）
9 我が一族は旧習を墨守している。（　　）
10 敵の謀略に引っ掛かってしまう。（　　）
11 海賊船が出没する海域だ。（　　）
12 遺骨を墓地に埋葬する。（　　）
13 高僧の鮮やかな墨跡を鑑賞する。（　　）
14 密輸品は空港で没収された。（　　）
15 英語の穴埋め問題が得意だ。（　　）
16 反乱の陰謀が仕組まれていた。（　　）
17 床の間に墨絵の掛け軸を飾る。（　　）
18 友人と二人で費用を折半した。（　　）
19 脅迫に断固として屈しない。（　　）
20 秘密を公表すると脅された。（　　）
21 社長に随伴して商談に赴く。（　　）
22 頭痛を伴う風邪にも効く薬だ。（　　）
23 この川は水質汚濁が進んでいる。（　　）
24 大雨で増水して河川が濁った。（　　）

2 次の各組の熟語が類義語の関係になるように、（　）に入る漢字を後の［　］の中から選べ。

1 専念―（　）頭
2 是非―正（　）
3 計略―策（　）
4 妨害―邪（　）
5 過失―（　）相
6 本気―真（　）
7 不足―欠（　）
8 加勢―応（　）
9 追放―排（　）
10 日常―平（　）

援・剣・邪・斥・素・粗・乏・謀・没・魔

3 次の――線のカタカナ「**ホウ**」をそれぞれ異なる漢字に直せ。

1 日本の**ホウ**製技術は評価が高い。（　）
2 話題の**ホウ**画が上映中だ。（　）
3 神事で舞踊が**ホウ**納された。（　）
4 暖衣**ホウ**食の恵まれた生活だ。（　）
5 有名画家の作品を模**ホウ**して学ぶ。（　）
6 年金制度の**ホウ**壊が案じられる。（　）
7 スギゴケは**ホウ**子で殖える。（　）
8 庭の白梅が**ホウ**香を放っている。（　）
9 いまだに**ホウ**建的な考え方が残る。（　）
10 **ホウ**富な品ぞろえで人気の店だ。（　）

4 次の――線のカタカナを漢字に直せ。

1 娘は泣いて**フク**れてしまった。

2 研究に**ボットウ**する日々を送る。

3 **マ**が差したとしか思えない。

4 電話線を地下に**マイセツ**する。

5 **スミ**を流したような空模様だ。

6 仲間と**キョウボウ**しての犯行だ。

7 都内**ボウ**所で撮影された写真だ。

8 **ボウダイ**な不良債権を処理する。

9 弟に必死で**ホンイ**を促した。

10 **スイボク**画のような景色だ。

11 **ウ**もれた名作を世に紹介する。

12 集合場所で生徒の**テンコ**をとる。

13 講師として海外へ**ハケン**された。

14 バレリーナが**ユウガ**に舞い踊る。

15 手紙の**マツビ**にお礼を書いた。

16 複数の**モクゲキ**者が証言した。

17 **ロボウ**にかれんな花が咲いた。

18 **カイヒン**公園で貝がらを拾う。

19 **ノキシタ**でしばらく雨宿りした。

20 チームの勝利を**カクシン**する。

21 **カクシン**的な方法を考案する。

22 命の大切さを**ト**いて聞かせた。

23 薄く**ト**いた絵の具で背景を塗る。

24 今月末で契約を**ト**くことにした。

使い分けよう！　はかる【計・量・測・図・諮】

計る…時間　**量る**…重さ・容積

測る…長さ・面積　**図る**…解決・合理化

諮る…会議(に諮る)

※ただし、場合によっては複数の表記が可能になります。

漢字	読み	画数	部首	部首名	漢字の意味	用例	筆順
膜	音 マク 訓 ―	14	月	にくづき	生物体内の器官を包むうすい皮・うす皮	横隔膜《おうかくまく》・角膜《かくまく》・結膜《けつまく》・鼓膜《こまく》・骨膜《こつまく》・粘膜《ねんまく》・被膜《ひまく》・網膜《もうまく》	膜 膜 膜4 膜 膜7 膜 膜 膜11 膜 膜14
又	音 ― 訓 また	2	又	また	また・さらにふたたび・それにしても	又請《またう》け・又貸《またが》し・又聞《またぎ》き・又弟子《またでし》・又《また》は	又 又
魅	音 ミ 訓 ―	15	鬼	きにょう	人の心をひきつける・ばけもの	魅了《みりょう》・魅力《みりょく》・魅惑《みわく》・魅《み》する	魅3 魅 魅6 魅8 魅 魅 魅12 魅 魅 魅
滅	音 メツ 訓 ほろ(びる) ほろ(ぼす)	13	氵	さんずい	ほろびる・ほろぼす・きえる	滅亡《めつぼう》・幻滅《げんめつ》・消滅《しょうめつ》・絶滅《ぜつめつ》・全滅《ぜんめつ》・点滅《てんめつ》・破滅《はめつ》・不滅《ふめつ》	滅3 滅 滅 滅 滅8 滅 滅 滅 滅 滅
免	音 メン 訓 まぬか(れる) 高	8	儿	ひとあし にんにょう	のがれる・ゆるす・やめさせる	免許《めんきょ》・免除《めんじょ》・免職《めんしょく》・免税《めんぜい》・免責《めんせき》・赦免《しゃめん》・任免《にんめん》・放免《ほうめん》	免 免 免 免 免 免 免 免
幽	音 ユウ 訓 ―	9	幺	よう いとがしら	おくふかい・かくれる・あの世	幽界《ゆうかい》・幽境《ゆうきょう》・幽玄《ゆうげん》・幽谷《ゆうこく》・幽閉《ゆうへい》・幽霊《ゆうれい》・深山幽谷《しんざんゆうこく》	幽 幽 幽 幽 幽 幽 幽 幽 幽
誘	音 ユウ 訓 さそ(う)	14	言	ごんべん	さそいかける・おびきだす・ひきおこす	誘因《ゆういん》・誘致《ゆうち》・誘導《ゆうどう》・誘発《ゆうはつ》・誘惑《ゆうわく》・勧誘《かんゆう》・誘《さそ》い水《みず》	誘2 誘4 誘7 誘 誘 誘 誘 誘 誘 誘
憂	音 ユウ 訓 うれ(える) うれ(い) う(い) 高	15	心	こころ	思いなやむ・心をいためる・おそれる	憂国《ゆうこく》・憂愁《ゆうしゅう》・憂色《ゆうしょく》・憂慮《ゆうりょ》・一喜一憂《いっきいちゆう》・憂《う》き目《め》・物憂《ものう》い	憂 憂 憂4 憂6 憂 憂 憂12 憂 憂 憂
揚	音 ヨウ 訓 あ(げる) あ(がる)	12	扌	てへん	あげる・気分が高まる・ほめる	意気揚揚《いきようよう》・掲揚《けいよう》・高揚《こうよう》・浮揚《ふよう》・抑揚《よくよう》・旗揚《はたあ》げ・水揚《みずあ》げ	揚 揚 揚 揚5 揚7 揚 揚 揚 揚 揚

練習問題

1	／24
2	／10
3	／5
4	／24

月　日

1 次の――線の漢字の読みをひらがなで記せ。

1 祖国の将来を憂慮している。（　　）

2 てんぷらを上手に揚げる。（　　）

3 人里離れた幽谷に分け入る。（　　）

4 テニス部への入部を勧誘された。（　　）

5 家族なら入会金が免除される。（　　）

6 魅惑的な目で見つめられた。（　　）

7 都会の生活に幻滅して帰郷する。（　　）

8 祖父は目の角膜を手術した。（　　）

9 声を掛け合い士気を高揚させる。（　　）

10 産業振興のため工場を誘致する。（　　）

11 又聞きした話は信用できない。（　　）

12 命ある者はいつか必ず滅びる。（　　）

13 愛犬の病状の悪化を憂える。（　　）

14 幽玄の趣のある石庭をながめた。（　　）

15 人間的な魅力にあふれた人だ。（　　）

16 優勝国の国旗が掲揚される。（　　）

17 けなげな子どもの姿が涙を誘う。（　　）

18 容疑が晴れて放免される。（　　）

19 策におぼれて身の破滅を招く。（　　）

20 九月九日を重陽の節句という。（　　）

21 人手不足で店員を急募した。（　　）

22 風はますます吹き募った。（　　）

23 裁縫は苦手だが、料理は得意だ。（　　）

24 転倒して六針も縫うけがをした。（　　）

2 **熟語の構成のしかたには次のようなものがある。**

ア　同じような意味の漢字を重ねたもの　（岩石）
イ　反対または対応の意味を表す字を重ねたもの　（高低）
ウ　上の字が下の字を修飾しているもの　（洋画）
エ　下の字が上の字の目的語・補語になっているもの　（着席）
オ　上の字が下の字の意味を打ち消しているもの　（非常）

次の熟語は右のア～オのどれにあたるか、一つ選び、記号で記せ。

1　貧乏（　　）
2　憂国（　　）
3　粘液（　　）
4　任免（　　）
5　膨張（　　）
6　出没（　　）
7　翻意（　　）
8　不滅（　　）
9　排他（　　）
10　帆船（　　）

3 **1～5の三つの□に共通する漢字を入れて熟語を作れ。漢字はア～コから一つ選び、記号で記せ。**

1　□収・□落・日□（　　）
2　□惑・□導・□発（　　）
3　絶□・点□・□亡（　　）
4　□責・□罪・□許（　　）
5　鼓□・被□・結□炎（　　）

ア　膜　イ　投　ウ　魅　エ　減　オ　誘
カ　免　キ　無　ク　滅　ケ　幕　コ　没

4 次の——線のカタカナを漢字に直せ。

1 勝ちをあせって**ジメツ**した。
2 秋晴れに**サソ**われて山に登る。
3 鼻の**ネンマク**が赤くはれた。
4 若き**ユウコク**の志士が集まった。
5 大量のマグロが**ミズア**げされた。
6 伝統が**ホロ**びることを恐れる。
7 本の**マタガ**しはやめてほしい。
8 少女の澄んだ歌声に**ミ**せられた。
9 **メンゼイ**店で母への土産を買う。
10 急速な値上がりを**ユウハツ**した。
11 王が**ユウヘイ**されていた古城だ。
12 後顧の**ウレ**いは一切ない。
13 徐々に景気が**フヨウ**してきた。
14 彼の成長ぶりに**キョウタン**した。
15 白熱した**トウロン**が続けられた。
16 人間の**ソンゲン**を守りたい。
17 万世**フキュウ**の名作と名高い。
18 敵の侵入を**ケイカイ**する。
19 一位との差が**チヂ**まってきた。
20 強い**シガイ**線からはだを守る。
21 亡父の**イシ**を継いで教師になる。
22 彼ほど**イシ**が強い人はいない。
23 旅先で見**ソ**めた女性と結婚した。
24 美容院で髪を黒く**ソ**める。

まちがえやすい四字熟語
Q…空欄に入る漢字は？ ①生殺□□《よだつ》 ②意味□□《しんちょう》 ③□□《いく》同音
A…①与奪 ②深長 ③異口
それぞれ、「（生殺）余奪」、「（意味）慎重」、「異句（同音）」などと書き誤らないように注意しましょう。

漢字	読み	画数	部首	部首名	漢字の意味	用例
揺	音 ヨウ 訓 ゆ(れる)・ゆ(る)・ゆ(らぐ)・ゆ(るぐ)・ゆ(する)・ゆ(さぶる)・ゆ(すぶる)	12	扌	てへん	ゆれる・ゆする・うごく	動揺《どうよう》・揺《ゆ》りかご・貧乏揺《びんぼうゆ》すり・信念《しんねん》が揺《ゆ》らぐ
擁	音 ヨウ 訓 —	16	扌	てへん	だきかかえる・囲むようにたすける	擁護《ようご》・擁立《ようりつ》・抱擁《ほうよう》・大軍《たいぐん》を擁《よう》する
抑	音 ヨク 訓 おさ(える)	7	扌	てへん	おさえつける・言葉や声の調子を低くする	抑圧《よくあつ》・抑止《よくし》・抑制《よくせい》・抑揚《よくよう》・抑留《よくりゅう》・怒《いか》りを抑《おさ》える
裸	音 ラ 訓 はだか	13	衤	ころもへん	はだか・むきだし	裸眼《らがん》・裸子植物《らししょくぶつ》・裸身《らしん》・裸体《らたい》・赤裸裸《せきらら》・裸一貫《はだかいっかん》・丸裸《まるはだか》
濫	音 ラン 訓 —	18	氵	さんずい	あふれる・むやみに・ひろがる	濫獲《らんかく》・濫造《らんぞう》・濫読《らんどく》・濫伐《らんばつ》・濫発《らんぱつ》・濫費《らんぴ》・濫用《らんよう》・粗製濫造《そせいらんぞう》
吏	音 リ 訓 —	6	口	くち	役人・公務員	吏員《りいん》・官吏《かんり》・能吏《のうり》
隆	音 リュウ 訓 —	11	阝	こざとへん	もり上がる・高くする・勢いがよくなる	隆起《りゅうき》・隆盛《りゅうせい》・筋骨隆隆《きんこつりゅうりゅう》・興隆《こうりゅう》
了	音 リョウ 訓 —	2	亅	はねぼう	おわる・わかる・あきらか	了解《りょうかい》・了見《りょうけん》・了察《りょうさつ》・了承《りょうしょう》・完了《かんりょう》・終了《しゅうりょう》・未了《みりょう》・魅了《みりょう》

練習問題

1	／24
2	／10
3	／9
4	／24

月　日

1 次の——線の漢字の読みをひらがなで記せ。

1 教育と文化の興隆に尽力する。（　　）

2 予算の濫費は避けるべきだ。（　　）

3 自然な抑揚をつけて音読した。（　　）

4 先輩の妙技を見て自信が揺らぐ。（　　）

5 勝利の喜びを抑えきれない。（　　）

6 選挙に新人候補を擁立する。（　　）

7 過去の体験を赤裸々に告白する。（　　）

8 カニの濫獲が問題になっている。（　　）

9 公共団体の職員を吏員ともいう。（　　）

10 その件は上司も了承済みです。（　　）

11 火山活動で隆起した土地だ。（　　）

12 木枯らしで並木が裸になった。（　　）

13 父親は体を揺すって大笑いした。（　　）

14 人目をはばからず抱擁をかわす。（　　）

15 名優の演技に観客は魅了された。（　　）

16 大将の死に兵士たちは動揺した。（　　）

17 濫伐で熱帯林が荒らされた。（　　）

18 政治的な抑圧から解放される。（　　）

19 イチョウは美しく黄葉している。（　　）

20 当日の消印まで有効です。（　　）

21 飽和した食塩水を試験管に移す。（　　）

22 読書に飽きて眠くなった。（　　）

23 誘惑に負けてケーキを食べた。（　　）

24 とぼけたやりとりが笑いを誘う。（　　）

2 後の□内のひらがなを漢字に直して（　）に入れ、対義語・類義語を作れ。□内のひらがなは一度だけ使い、漢字一字を記せ。

対義語

1 発生―消（　）
2 促進―（　）制
3 開始―終（　）
4 潤沢―欠（　）
5 受容―（　）除

類義語

6 繁栄―（　）盛
7 役人―官（　）
8 幽閉―（　）禁
9 心配―憂（　）
10 解雇―（　）職

かん・はい・ぼう・めつ・めん・よく・り・りゅう・りょ・りょう

3 次の――線のカタカナにあてはまる漢字をそれぞれのア～オから一つ選び、記号で記せ。

1 祖父は工《こう》**ボウ**で絵を制作中だ。（　）
2 無**ボウ**な開発が災害を招いた。（　）
3 警察が**ボウ**国のスパイを逮捕した。（　）
（ア 某　イ 妨　ウ 房　エ 傍　オ 謀）

4 安全な場所に生徒を**ユウ**導する。（　）
5 薪能の**ユウ**玄な舞に魅せられる。（　）
6 表情に**ユウ**色が濃く表れていた。（　）
（ア 優　イ 憂　ウ 誘　エ 幽　オ 雄）

7 急ぎの仕事を二つも**ウ**け負う。（　）
8 校庭にタイムカプセルを**ウ**める。（　）
9 彼は主君の敵**ウ**ちに旅立った。（　）
（ア 請　イ 討　ウ 得　エ 埋　オ 浮）

4 次の——線のカタカナを漢字に直せ。

1 赤ん坊が**ユ**りかごで眠っている。
2 激しい痛みを薬で**オサ**えた。
3 彼は市の納税課の**ノウリ**だ。
4 会場の準備は**カンリョウ**した。
5 マツやソテツは**ラシ**植物だ。
6 憲法**ヨウゴ**を公約に掲げる。
7 汚職問題が政局を**ユ**さぶった。
8 **ヨクセイ**のきいた話し方をする。
9 会社は一時**リュウセイ**を極めた。
10 破産して**マルハダカ**になった。
11 分野を問わず本を**ランドク**する。
12 注文した**ヨクジツ**に品物が届く。
13 **カイコ**が桑の葉を食べて育つ。
14 **カンイ**書留で入場券を送る。
15 兄の**センコウ**は宇宙工学です。
16 新入部員の**カンゲイ**会を催す。
17 **カタコト**の英語で何とか通じた。
18 **ジュウイ**を目指して猛勉強する。
19 図書館に書籍を**ヘンキャク**した。
20 池のほとりを**サンサク**した。
21 **ソウイ**工夫を凝らして机を作る。
22 会員の**ソウイ**により決定する。
23 父は顔色を**カ**えて怒鳴りつけた。
24 日本語に吹き**カ**えた洋画を見る。

直情径行（ちょくじょうけいこう）
「周囲の状況や相手の気持ちにかまわず、思ったとおりに振る舞うこと」という意味です。「直情」は「ありのままの感情」のこと、「径行」の「径」には、「まっすぐ・ただちに」という意味があり、「径行」は「すぐに行うこと」を表します。対義語は「熟慮断行」です。

漢字表

ステップ34

漢字	読み	画数	部首	部首名	漢字の意味	用例	筆順
猟	音 リョウ 訓 ―	11	犭	けものへん	かり・かる・つかまえる・さがしもとめる	猟奇《りょうき》・猟犬《りょうけん》・猟師《りょうし》・猟銃《りょうじゅう》・禁猟《きんりょう》・狩猟《しゅりょう》・渉猟《しょうりょう》・密猟《みつりょう》	猟 猟 猟 猟 猟 猟 猟 猟 猟10 猟
陵	音 リョウ 訓 みささぎ 高	11	阝	こざとへん	小高いおか・天皇、皇后などの墓・しのぐ	陵墓《りょうぼ》・丘陵《きゅうりょう》・御陵《ごりょう》・山陵《さんりょう》・天皇陵《てんのうりょう》	陵 陵 陵 陵 陵 陵 陵8 陵 陵 陵
糧	音 リョウ ロウ 高 訓 かて 高	18	米	こめへん	(旅やいくさに持ち歩く)食べもの・活動の源	糧食《りょうしょく》・糧道《りょうどう》・糧米《りょうまい》・食糧《しょくりょう》・兵糧《ひょうろう》・心《こころ》の糧《かて》	糧2 糧 糧 糧6 糧10 糧 糧15 糧 糧 糧
厘	音 リン 訓 ―	9	厂	がんだれ	お金の単位・割合の単位	厘毛《りんもう》・一分一厘《いちぶいちりん》・九分九厘《くぶくりん》	厘 厘 厘 厘 厘 厘 厘 厘 厘
励	音 レイ 訓 はげ(む) はげ(ます)	7	力	ちから	はげむ・つとめる・はげます	励行《れいこう》・激励《げきれい》・刻苦勉励《こっくべんれい》・奨励《しょうれい》・精励《せいれい》・奮励努力《ふんれいどりょく》	励 励 励 励 励 励 励
零	音 レイ 訓 ―	13	雨	あめかんむり	わずか・小さい・おちぶれる・数のゼロ	零下《れいか》・零細《れいさい》・零時《れいじ》・零点《れいてん》・零度《れいど》・零落《れいらく》	零3 零 零 零 零8 零 零 零 零 零
霊	音 レイ リョウ 高 訓 たま 高	15	雨	あめかんむり	たましい・ふしぎな・神聖な	霊魂《れいこん》・霊前《れいぜん》・霊峰《れいほう》・慰霊《いれい》・全身全霊《ぜんしんぜんれい》・亡霊《ぼうれい》・幽霊《ゆうれい》	霊3 霊 霊6 霊8 霊 霊 霊 霊 霊14 霊
裂	音 レツ 訓 さ(く) さ(ける)	12	衣	ころも	ばらばらにさける・きれ・さけめ	裂傷《れっしょう》・決裂《けつれつ》・四分五裂《しぶんごれつ》・支離滅裂《しりめつれつ》・破裂《はれつ》・分裂《ぶんれつ》	裂 裂 裂 裂 裂6 裂8 裂 裂 裂 裂

ステップ 34

練習問題

1	／24
2	／10
3	／10
4	／24

月　日

1 次の――線の漢字の読みをひらがなで記せ。

1 大きな音を立て風船が破裂した。

2 零細企業だが経営状態は良好だ。

3 祖母は霊魂の存在を信じている。

4 技能の習得に日々精励している。

5 打製石器を狩猟に使っていた。

6 市内にある陵墓を見学してきた。

7 悲しみで胸が張り裂けそうだ。

8 当面の食糧を倉庫に貯蔵する。

9 声を励まして少年に呼びかける。

10 名家が見る影もなく零落した。

11 多くの人々が信仰する霊峰だ。

12 猟師は鉄砲の手入れをしていた。

13 うがいと手洗いを励行している。

14 両国の会談はついに決裂した。

15 わずか五厘差で首位打者になる。

16 霊前に線香をたむける。

17 同じ失敗は金輪際致しません。

18 行司の軍配が上がった。

19 絶滅のおそれのある鳥だ。

20 噴火で滅びた古代都市がある。

21 功績をあげた故人を追慕する。

22 恩師を慕って研究をともにする。

23 ウイルスの増殖を抑止する。

24 社内の反対派の動きを抑える。

2

文中の四字熟語の——線のカタカナを漢字に直し、二字で記せ。

1 **刻苦ベンレイ**して志を果たした。

2 **意気ヨウヨウ**と勝利を誇った。

3 今まさに**キキュウ存亡**のときだ。

4 入賞は**フンレイ努力**した結果だ。

5 **深山ユウコク**を思わせる庭園だ。

6 **権謀ジュッスウ**の限りを尽くす。

7 株価の変動に**一喜イチユウ**する。

8 **キョウテン動地**の大事件だ。

9 **ウイ天変**の世を生き抜く。

10 主人公は**神出キボツ**の怪盗だ。

3

熟語の構成のしかたには次のようなものがある。

ア 同じような意味の漢字を重ねたもの　（岩石）
イ 反対または対応の意味を表す字を重ねたもの　（高低）
ウ 上の字が下の字を修飾しているもの　（洋画）
エ 下の字が上の字の目的語・補語になっているもの　（着席）
オ 上の字が下の字の意味を打ち消しているもの　（非常）

次の熟語は右のア～オのどれにあたるか、一つ選び、記号で記せ。

1 脱藩
2 封鎖
3 未了
4 慰霊
5 抑揚
6 濫伐
7 狩猟
8 丘陵
9 湖畔
10 無謀

4

次の――線のカタカナを漢字に直せ。

1 **ユウレイ**が出そうな夜道を歩く。
2 子の成長が仕事の**ハゲ**みになる。
3 新校舎は九分**クリン**完成した。
4 党内の**ブンレツ**が深まった。
5 **リョウケン**が獲物を追い立てる。
6 敵を囲んで**リョウドウ**を断つ。
7 選手は**ゲキレイ**されて出発した。
8 外気温が**レイカ**十度に達する。
9 絹を**サ**くような悲鳴を聞いた。
10 小高い**キュウリョウ**地帯に住む。
11 パソコンの**ソウサ**方法を教える。
12 ここを**シオドキ**と引き上げた。
13 ダムの建設に**キョヒ**を投じる。
14 通過列車が**ケイテキ**を鳴らす。
15 副会長と書記を**ケンム**する。
16 初雪を**イタダ**いた富士山を仰ぐ。
17 水を安定的に**キョウキュウ**する。
18 厳しい現実を**カンジュ**する。
19 難解語に**チュウシャク**をつける。
20 **ヌノセイ**のかばんで通学する。
21 **ユウシ**以来最大の危機を迎えた。
22 **ユウシ**を募って検討会を開く。
23 指を**キヨウ**に動かし手袋を編む。
24 試合には新人が**キヨウ**された。

使い分けよう！ **しょくりょう【食料・食糧】**
食料…例 食料品　食料自給率　生鮮食料品
（食べ物全体・肉や魚、野菜、果物などを含む場合）
食糧…例 食糧制度　食糧難　五日分の食糧
（特に、主食となる米や麦などの穀物）
※使い分けが厳密ではない語もあります。

漢字	読み	画数	部首	部首名	漢字の意味	用例	筆順
廉	音 レン 訓 —	13	广	まだれ	いさぎよい・けがれがない・安い	廉価《れんか》・廉潔《れんけつ》・廉直《れんちょく》・廉売《れんばい》・清廉潔白《せいれんけっぱく》・低廉《ていれん》・破廉恥《はれんち》	廉[2] 廉 廉[6] 廉 廉 廉 廉 廉 廉 廉
錬	音 レン 訓 —	16	金	かねへん	金属をきたえる・心身や技能をきたえる	錬金術《れんきんじゅつ》・錬成《れんせい》・修錬《しゅうれん》・精錬《せいれん》・製錬《せいれん》・鍛錬《たんれん》・百戦錬磨《ひゃくせんれんま》	錬[4] 錬 錬[7] 錬 錬 錬[11] 錬[13] 錬 錬 錬
炉	音 ロ 訓 —	8	火	ひへん	火をたく所	炉端《ろばた》・炉辺談話《ろへんだんわ》・囲炉裏《いろり》・夏炉冬扇《かろとうせん》・香炉《こうろ》・暖炉《だんろ》	炉 炉 炉 炉 炉 炉 炉 炉
浪	音 ロウ 訓 —	10	氵	さんずい	大きな波・あてもなくさまよう・むだに	浪人《ろうにん》・浪費《ろうひ》・浪漫《ろうまん》・激浪《げきろう》・波浪《はろう》・浮浪者《ふろうしゃ》・放浪《ほうろう》・流浪《るろう》	浪 浪 浪 浪 浪 浪 浪 浪 浪 浪
廊	音 ロウ 訓 —	12	广	まだれ	ろうか・ひさし	廊下《ろうか》・画廊《がろう》・回廊《かいろう》・歩廊《ほろう》	廊 廊 廊 廊 廊 廊[7] 廊[9] 廊 廊 廊
楼	音 ロウ 訓 —	13	木	きへん	高い建物・やぐら・茶屋	楼閣《ろうかく》・楼上《ろうじょう》・楼門《ろうもん》・高楼《こうろう》・鐘楼《しょうろう》・望楼《ぼうろう》・摩天楼《まてんろう》	楼[4] 楼 楼 楼 楼 楼 楼 楼 楼 楼
漏	音 ロウ 訓 も(る) も(れる) も(らす)	14	氵	さんずい	水や光がもれる・外部に知れる・手ぬかり	漏出《ろうしゅつ》・漏水《ろうすい》・漏電《ろうでん》・遺漏《いろう》・粗漏《そろう》・疎漏《そろう》・脱漏《だつろう》・雨漏《あまも》り	漏[3] 漏 漏 漏 漏 漏 漏 漏 漏[12] 漏[14]
湾	音 ワン 訓 —	12	氵	さんずい	いりえ・いりうみ・弓のようにまがる	湾岸《わんがん》・湾曲《わんきょく》・湾口《わんこう》・湾内《わんない》・湾入《わんにゅう》・港湾《こうわん》	湾[3] 湾 湾 湾 湾 湾 湾 湾 湾 湾

ステップ 35

練習問題

1	／24
2	／5
3	／9
4	／24

月　日

1 次の――線の漢字の読みをひらがなで記せ。

1 廊下の突き当たりに鏡がある。（　）

2 かつて銅の製錬所があった町だ。（　）

3 鐘楼に上がることを許された。（　）

4 長い間ヨーロッパを放浪した。（　）

5 添付資料に脱漏がないか調べる。（　）

6 横浜は代表的な港湾都市である。（　）

7 清廉潔白な政治家が求められる。（　）

8 香炉が床の間に置かれている。（　）

9 回廊が中庭を囲んでいる。（　）

10 朱塗りの楼門を抜け本殿に参る。（　）

11 遺漏がないように記入する。（　）

12 大量に生産して廉価で販売する。（　）

13 非常時に日ごろの鍛錬が役立つ。（　）

14 炉端で祖母から昔話を聞いた。（　）

15 うっとりしてため息が漏れた。（　）

16 暴風で漁船が激浪にもまれた。（　）

17 反物からゆかたを仕立てる。（　）

18 恐ろしい形相をした仁王像だ。（　）

19 実兄の結婚式に夫婦で出席する。（　）

20 清貧に甘んじて一生を送る。（　）

21 実現には膨大な費用がかかる。（　）

22 梅のつぼみが膨らみ始めた。（　）

23 先生が受験生たちを激励した。（　）

24 仕事に励んで業績を伸ばした。（　）

2 次の各文にまちがって使われている同じ読みの漢字が一字ある。上に誤字を、下に正しい漢字を記せ。

誤　正

1 自転車の乱謀な運転や違法な駐輪に歩行者は多大な迷惑を被っている。（　）（　）

2 氷河湖が突然障滅した現象には気候変動の影響があると指摘されている。（　）（　）

3 両校の対抗戦は中盤以降、白熱した攻防戦を展開し大いに漏り上がった。（　）（　）

4 国際芸術祭は、世界的な音楽家による典雅で味力に満ちた演奏で開幕した。（　）（　）

5 老朽化が原因で水道管の一部が破劣し、修復するまでに半日を要した。（　）（　）

3 次の――線のカタカナにあてはまる漢字をそれぞれのア〜オから一つ選び、記号で記せ。

1 遺族として慰**レイ**祭に参列する。（　）

2 一家で早寝早起きを**レイ**行する。（　）

3 **レイ**度以下の寒い朝が続く。（　）

（ア 零　イ 齢　ウ 励　エ 霊　オ 隷）

4 画**ロウ**で気に入った絵を買った。（　）

5 昨日の午後に波**ロウ**警報が出た。（　）

6 配線の不備で**ロウ**電が起きた。（　）

（ア 漏　イ 浪　ウ 郎　エ 朗　オ 廊）

7 湖面の氷に**サ**け目ができている。（　）

8 買い物袋を両手に**サ**げて歩く。（　）

9 大きな水たまりを**サ**けて通った。（　）

（ア 避　イ 刺　ウ 提　エ 裂　オ 指）

4 次の――線のカタカナを漢字に直せ。

1 **ダンロ**のある居間でくつろぐ。
2 **ロウスイ**した箇所を修理する。
3 冬物処分の**レンバイ**をしている。
4 和室の天井から雨水が**モ**る。
5 早朝の**ワンガン**道路を車で走る。
6 雑談で作業時間を**ロウヒ**した。
7 **レンキンジュツ**など夢物語だ。
8 その政策は砂上の**ロウカク**だ。
9 有名な**ガロウ**で絵の個展を開く。
10 主家を出て**ロウニン**の身になる。
11 思わず本音を**モ**らしてしまった。
12 試みは**ホネオ**り損に終わった。

13 **キンジ**値を用いて計算する。
14 奥の**ザシキ**に客を案内する。
15 **タテ**の物を横にもしない人だ。
16 落とし物を**イシツ**物係に届ける。
17 元気な子馬の**タンジョウ**を喜ぶ。
18 **イズミ**でのどのかわきをいやす。
19 住民に避難を**カンコク**した。
20 新商品が**キャッコウ**を浴びる。
21 一年間は品質を**ホショウ**する。
22 社会**ホショウ**制度を確立する。
23 合格を目指し**ヒッシ**に勉強する。
24 衆議院が解散するのは**ヒッシ**だ。

権謀術数（けんぼうじゅっすう）
「人をあざむくための策略」を表す四字熟語です。「権謀」は「その場に応じた策略」、「術数」も「はかりごと」という意味です。
例…権謀術数の限りを尽くして敵を倒す。

ステップ 31-35

力だめし 第6回

総得点 /100

評価
A
80点 B
75点 C
70点 D
60点 E

月 日

1 次の——線の漢字の読みをひらがなで記せ。

1×10 /10

1 有能な官吏として重んじられた。（　）
2 過信が身を滅ぼすこともある。（　）
3 彼は魔法のように姿を消した。（　）
4 湾曲した海岸線が続いている。（　）
5 会場は聴衆でほぼ埋まっていた。（　）
6 備えあれば憂いなし（　）
7 この付近一帯は禁猟区域だ。（　）
8 難解な古典をようやく読了した。（　）
9 鼓膜が破れそうな大音量だ。（　）
10 破廉恥な行為は許されない。（　）

2 1〜5の三つの□に共通する漢字を入れて熟語を作れ。漢字はア〜コから一つ選び、記号で記せ。

2×5 /10

1 □略・陰□・策□（　）
2 □圧・□制・□止（　）
3 □魂・□感・亡□（　）
4 全□・□眼・□一貫（　）
5 □下・回□・画□（　）

ア 裸	イ 霊	ウ 某	エ 謀	オ 弾
カ 威	キ 抑	ク 廊	ケ 招	コ 露

3

次の――線のカタカナ「ヨウ」をそれぞれ異なる漢字に直せ。

1×10　／10

1 異ヨウな光景を目にする。（　　）
2 花壇の土に腐ヨウ土を混ぜる。（　　）
3 人権のヨウ護に努める。（　　）
4 論文のヨウ点をまとめる。（　　）
5 心の動ヨウを隠しながら話した。（　　）
6 抑ヨウをつけて詩を読む。（　　）
7 ヨウ裁を習ってスカートを縫う。（　　）
8 誤差は許ヨウ範囲内だった。（　　）
9 就学前のヨウ児教育に従事する。（　　）
10 ヨウ毛のセーターを買った。（　　）

4

熟語の構成のしかたには次のようなものがある。

1×10　／10

ア 同じような意味の漢字を重ねたもの（岩石）
イ 反対または対応の意味を表す字を重ねたもの（高低）
ウ 上の字が下の字を修飾しているもの（洋画）
エ 下の字が上の字の目的語・補語になっているもの（着席）
オ 上の字が下の字の意味を打ち消しているもの（非常）

次の熟語は右のア～オのどれにあたるか、一つ選び、記号で記せ。

1 生没（　　）
2 漏電（　　）
3 滅亡（　　）
4 鐘楼（　　）
5 雅俗（　　）
6 鍛錬（　　）
7 不能（　　）
8 免責（　　）
9 濫用（　　）
10 未熟（　　）

5 次の各文にまちがって使われている同じ読みの漢字が一字ある。上に誤字を、下に正しい漢字を記せ。

2×5 /10

	問題文	誤	正
1	該博な知識と熟練した筆致により、読者を優玄の境地にいざなう名著だ。	（　）	（　）
2	水産養殖で用いられる抗請物質などが魚に残留することが問題視されている。	（　）	（　）
3	仏像彫刻の制作年代を特定する研究が、先端技術を駆仕して進められている。	（　）	（　）
4	日ごろのご愛雇に感謝して、会員限定のご優待セールを行います。	（　）	（　）
5	増大する石油消費量に対し、原油の価格上昇と埋造量が気遣われる。	（　）	（　）

6 後の□内のひらがなを漢字に直して（　）に入れ、対義語・類義語を作れ。□内のひらがなは一度だけ使い、漢字一字を記せ。

1×10 /10

対義語

1 創造—（　）倣
2 自慢—（　）下
3 栄達—（　）落
4 収縮—（　）張
5 衰退—（　）盛

類義語

6 形見—（　）品
7 高低—起（　）
8 漂泊—放（　）
9 興奮—熱（　）
10 満腹—（　）食

い・きょう・ひ・ふく・ほう・ぼう・も・りゅう・れい・ろう

7

次の（　）内に入る適切な語を、後の□の中から選び、漢字に直して四字熟語を完成せよ。

2×10 ／20

1 （　）談話

2 （　）大悲

3 意気（　）

4 四分（　）

5 （　）薄命

6 二束（　）

7 （　）一失

8 困苦（　）

9 鼓舞（　）

10 （　）快活

かじん・げきれい・けつぼう・ごれつ・さんもん・せんりょ・だいじ・とうごう・めいろう・ろへん

8

次の――線のカタカナを漢字に直せ。

2×10 ／20

1 タコは**スミ**を吐きながら逃げた。（　）

2 過労が病気の**ユウイン**になった。（　）

3 **シュウ**を決する戦いが始まる。（　）

4 建物の外壁を**ホシュウ**する。（　）

5 日米の**シュノウ**が会談した。（　）

6 **マタギ**きで広まったうわさ話だ。（　）

7 事を**アラダ**てる必要はない。（　）

8 カタログの送付を**イライ**した。（　）

9 複雑な**キョウチュウ**を明かす。（　）

10 英語の**ホンヤクカ**になりたい。（　）

3級 総まとめ

今までの学習の成果を試してみましょう。

検定を受けるときの注意事項を記載しましたので、実際の検定のつもりで問題に臨んでください。

■検定時間　60分

【注意事項】

1 問題用紙と答えを記入する用紙は別になっています。答えはすべて答案用紙に記入してください。

2 常用漢字の旧字体や表外漢字、常用漢字音訓表以外の読み方は正答とは認められません。

3 検定会場では問題についての説明はありませんので、問題をよく読み、設問の意図を理解して答えを記入してください。

4 答えは必ず鉛筆（HB以上の濃いもの）で、枠内《わくない》に大きくはっきり書いてください。くずした字や乱雑な書き方は採点の対象になりませんので、ていねいに書くように心がけてください。

5 検定を受ける前に「日本漢字能力検定採点基準」、「受検するときの心構え」（本書巻頭カラーページに掲載）を読んでおいてください。

■マークシート記入について

3級ではマークシート方式の問題があります。次の事項に注意して解答欄をマークしてください。

① HB以上の濃い鉛筆（シャープペンシルも可）を使用すること。

② マーク欄は[ ]の上から下までぬりつぶすこと。はみ出したり、ほかのマーク欄にかからないように注意すること。正しくマークされていない場合は、採点できないことがあります。

③ 間違ってマークしたものは消しゴムできれいに消すこと。

④ 答えは一つだけマークすること（二つ以上マークすると無効）。

総得点

／200

評価

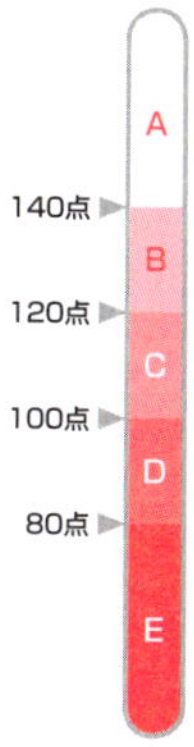

3級 総まとめ

㈠ 次の——線の**漢字の読み**を**ひらがな**で記せ。 (30) 1×30

1 出納簿に収支をつける。
2 下町の哀歓を描いた小説を読む。
3 雪辱を果たして優勝する。
4 友人は私の兄とも既知の間柄だ。
5 王者がまさかの惨敗を喫した。
6 研究の成果を凝縮した製品だ。
7 どんな境遇でも夢を失わない。
8 着慣れた濃紺の制服ともお別れだ。
9 本業に付随する雑務を片付けた。
10 自分の弱さや幼さを超克する。
11 大学でインドの哲学を学ぶ。
12 この植物は粘液を分泌する。
13 かつて水晶が採掘された土地だ。
14 証拠が隠滅されたおそれがある。

㈡ 次の——線の**カタカナ**にあてはまる漢字をそれぞれの**ア～オ**から**一つ**選び、**記号にマーク**せよ。 (30) 2×15

1 カモの密**リョウ**者を監視する。
2 天災による食**リョウ**不足が心配だ。
3 ホテルは丘**リョウ**の上にある。
(ア了　イ陵　ウ療　エ猟　オ糧)

4 彼の**ジョウ**漫な話に退屈した。
5 痛み止めの**ジョウ**剤を服用する。
6 駅前の分**ジョウ**住宅を内覧する。
(ア譲　イ丈　ウ錠　エ冗　オ嬢)

7 輸入品の排**セキ**運動が起こった。
8 学費未納で大学を除**セキ**になる。
9 客船が三**セキ**入港している。
(ア績　イ斥　ウ惜　エ隻　オ籍)

10 ヒノキを木**チョウ**の材に用いる。
11 夏ばてで胃**チョウ**が弱る。
12 新発売の楽曲を試**チョウ**する。
(ア腸　イ聴　ウ張　エ徴　オ彫)

㈣ **熟語の構成**のしかたには次のようなものがある。 (20) 2×10

- ア 同じような意味の漢字を重ねたもの （**岩石**）
- イ 反対または対応の意味を表す字を重ねたもの （**高低**）
- ウ 上の字が下の字を修飾しているもの （**洋画**）
- エ 下の字が上の字の目的語・補語になっているもの （**着席**）
- オ 上の字が下の字の意味を打ち消しているもの （**非常**）

次の熟語は右の**ア～オ**のどれにあたるか、**一つ**選び、**記号にマーク**せよ。

1 伸縮
2 慰労
3 緩慢

6 添削
7 金塊
8 犠牲

15 空襲で町全体が焦土と化した。

16 偉業を残した先人の軌跡をたどる。

17 祖母に冠婚葬祭の作法を教わる。

18 優勝祝賀会は盛況を極めた。

19 街道を反れて近道を通った。

20 床の間にある軸物を鑑賞した。

21 壇上の舞姫の踊りに見入る。

22 大きな可能性を秘めた試みだ。

23 橋を架け替える工事が始まる。

24 綱引き大会に親子で参加する。

25 花婿側を代表してあいさつした。

26 憎しみを手放して相手を許した。

27 青銅を使って像を鋳る。

28 戸のすき間から明かりが漏れる。

29 大きな袋を肩にかけている。

30 今夜は吹雪になるかもしれない。

---

13 船から荷物を陸にアげる。

14 物珍しさにアかずながめた。

15 思いがけない事故にアった。

（ア 荒　イ 揚　ウ 編　エ 遭　オ 飽）

(三) 1～5の三つの□に**共通する漢字**を入れて熟語を作れ。漢字は**ア～コ**から**一つ**選び、**記号にマーク**せよ。 (10) 2×5

1 □色・豊□・□滑

2 興□・□起・□盛

3 □立・抱□・□護

4 □行・精□・奮□

5 開□・□促・□涙

ア 益	イ 味	ウ 潤	エ 篤	オ 隆
カ 励	キ 保	ク 闘	ケ 擁	コ 催

---

4 疾走

5 鎮痛

9 検尿

10 不適

(五) 次の漢字の**部首**を**ア～エ**から**一つ**選び、**記号にマーク**せよ。 (10) 1×10

1 覆 （ア 曰　イ 覀　ウ 彳　エ 夂）

2 膨 （ア 豆　イ 士　ウ 月　エ 彡）

3 魔 （ア 麻　イ 木　ウ 厶　エ 鬼）

4 某 （ア 木　イ 甘　ウ 日　エ 八）

5 憩 （ア 心　イ 舌　ウ 自　エ 干）

6 厘 （ア 里　イ 厂　ウ 田　エ 土）

7 虐 （ア ト　イ 匚　ウ 虍　エ 厂）

8 裸 （ア 礻　イ 田　ウ 木　エ 衤）

9 顧 （ア 貝　イ 戸　ウ 頁　エ 隹）

10 窒 （ア 宀　イ 穴　ウ 土　エ 至）

(六) 後の□内のひらがなを漢字に直して□に入れ、**対義語・類義語**を作れ。□内のひらがなは一度だけ使い、**答案用紙に一字記入**せよ。 (20) 2×10

対義語

1 統一――分□
2 安定――動□
3 節約――□費
4 課税――□税
5 繁栄――□落

類義語

6 独裁――□制
7 意図――□胆
8 考慮――□案
9 達成――完□

(八) 文中の**四字熟語**の――線の**カタカナ**を**漢字**に直せ。**答案用紙に二字記入**せよ。 (20) 2×10

1 業務内容は**複雑タキ**にわたる。
2 **シンボウ遠慮**が成功を導いた。
3 その説は**空中ロウカク**にすぎない。
4 **オメイ返上**のため努力する。
5 **ナンコウ不落**の城として知られる。
6 彼は**キメン仏心**でとても親切だ。
7 **旧態イゼン**とした慣習を改める。
8 **公序リョウゾク**に従って活動する。
9 **コウキュウ平和**の実現を目指す。

(十) 次の――線の**カタカナ**を**漢字**に直せ。 (40) 2×20

1 何気ない一言で**ボケツ**を掘った。
2 新聞への**トウコウ**が採用された。
3 **ゼンケイ**の資料を参照せよ。
4 業者と**ケッタク**しているようだ。
5 ねんざした足首に**シップ**をはる。
6 彼女は**シショウ**の一番弟子だ。
7 判決に不服で**サイシン**を求めた。
8 **ジュンスイ**にゲームを楽しんだ。
9 音声を**フゴウ**化して伝送する。
10 下宿先では夕食を**ジスイ**している。

10 利発―□明

かん・けん・こん・すい・せん・ぼつ・めん・よう・れつ・ろう

(七) 次の――線のカタカナを漢字一字と送りがな（ひらがな）に直せ。 (10) 2×5

〈例〉 問題にコタエル。 答える

1 門は固くトザサれている。

2 人員の選択を誤ったとクイル。

3 岩陰に魚がヒソンでいる。

4 講習後はスミヤカニ退室した。

5 アヤウイところを助けられた。

10 当意ソクミョウな受け答えだった。

(九) 次の各文にまちがって使われている同じ読みの漢字が一字ある。上に誤字を、下に正しい漢字を記せ。 (10) 2×5

1 健康維持のため、ビタミンを豊富に含む野菜や果物の接取を心がける。

2 国内の携帯電話の啓約数は今後も増加すると予測されている。

3 護身術の教室に通って、日常の心構えと妨御や撃退の技術を習得した。

4 雑誌の予告によると、人気絶頂の漫画家が新錬載を始めるそうだ。

5 裁判員制度の仕組みや抽象的な該念を解説した入門書を読んだ。

11 夕日で海がクレナイに染まる。

12 効果のほどはウタガわしい。

13 広いマキバの緑が目に鮮やかだ。

14 豪華な内装に目をウバわれる。

15 オゴソかに祈りをささげた。

16 信頼のおける弁護士をヤトう。

17 故郷の両親から小包がトドいた。

18 カブヌシ総会の委任状を郵送する。

19 気持ちとウラハラなことを言う。

20 正月にはイナカに帰る予定だ。

3級 総まとめ 答案用紙

※実際の検定での用紙の大きさとは異なります。

(一) 読み (30)

1	2	3	4	5	6	7	8	9	10	11	12	13	14

1×30

(二) 同音・同訓異字 (30)

1	2	3	4	5	6	7	8	9	10
[ア][イ][ウ][エ][オ]	[ア][イ][ウ][エ][オ]	[ア][イ][ウ][エ][オ]	[ア][イ][ウ][エ][オ]	[ア][イ][ウ][エ][オ]	[ア][イ][ウ][エ][オ]	[ア][イ][ウ][エ][オ]	[ア][イ][ウ][エ][オ]	[ア][イ][ウ][エ][オ]	[ア][イ][ウ][エ][オ]

2×15

(四) 熟語の構成 (20)

1	2	3	4	5	6	7	8	9	10
[ア][イ][ウ][エ][オ]	[ア][イ][ウ][エ][オ]	[ア][イ][ウ][エ][オ]	[ア][イ][ウ][エ][オ]	[ア][イ][ウ][エ][オ]	[ア][イ][ウ][エ][オ]	[ア][イ][ウ][エ][オ]	[ア][イ][ウ][エ][オ]	[ア][イ][ウ][エ][オ]	[ア][イ][ウ][エ][オ]

2×10

(六) 対義語・類義語 (20)

1	2	3	4	5	6	7	8	9	10

2×10

(八) 四字熟語 (20)

1	2	3	4	5	6	7	8	9	10

2×10

(十) 書き取り (40)

1	2	3	4	5	6	7	8	9	10

2×20

総得点
／200

15	16	17	18	19	20	21	22	23	24	25	26	27	28	29	30

11	12	13	14	15
〔ア〕〔イ〕〔ウ〕〔エ〕〔オ〕	〔ア〕〔イ〕〔ウ〕〔エ〕〔オ〕	〔ア〕〔イ〕〔ウ〕〔エ〕〔オ〕	〔ア〕〔イ〕〔ウ〕〔エ〕〔オ〕	〔ア〕〔イ〕〔ウ〕〔エ〕〔オ〕

(三) 漢字識別 (10)

1	2	3	4	5
〔ア〕〔イ〕〔ウ〕〔エ〕〔オ〕 〔カ〕〔キ〕〔ク〕〔ケ〕〔コ〕	〔ア〕〔イ〕〔ウ〕〔エ〕〔オ〕 〔カ〕〔キ〕〔ク〕〔ケ〕〔コ〕	〔ア〕〔イ〕〔ウ〕〔エ〕〔オ〕 〔カ〕〔キ〕〔ク〕〔ケ〕〔コ〕	〔ア〕〔イ〕〔ウ〕〔エ〕〔オ〕 〔カ〕〔キ〕〔ク〕〔ケ〕〔コ〕	〔ア〕〔イ〕〔ウ〕〔エ〕〔オ〕 〔カ〕〔キ〕〔ク〕〔ケ〕〔コ〕

2×5

(五) 部首 (10)

1	2	3	4	5	6	7	8	9	10
〔ア〕〔イ〕〔ウ〕〔エ〕	〔ア〕〔イ〕〔ウ〕〔エ〕	〔ア〕〔イ〕〔ウ〕〔エ〕	〔ア〕〔イ〕〔ウ〕〔エ〕	〔ア〕〔イ〕〔ウ〕〔エ〕	〔ア〕〔イ〕〔ウ〕〔エ〕	〔ア〕〔イ〕〔ウ〕〔エ〕	〔ア〕〔イ〕〔ウ〕〔エ〕	〔ア〕〔イ〕〔ウ〕〔エ〕	〔ア〕〔イ〕〔ウ〕〔エ〕

1×10

(七) 漢字と送りがな (10)

1	2	3	4	5

2×5

(九) 誤字訂正 (10)

	1	2	3	4	5
誤					
正					

2×5

11	12	13	14	15	16	17	18	19	20

学年別漢字配当表

「小学校学習指導要領」（平成23年度実施）による

	ア	イ	ウ	エ	オ	カ	キ	ク	ケ	コ	サ
1年【10級】		一	右雨	円	王音	下火花貝学	気九休玉金	空	月犬見	五口校	左三山
2年【9級】		引	羽雲	園遠		何科夏家歌画回会海絵外角楽活間丸岩顔	汽記帰弓牛魚京強教近		兄形計元言原	戸古午後語工公広交光考行高黄合谷国黒今	才細作算
3年【8級】	悪安暗	医委意育員院飲	運	泳駅	央横屋温	化荷界開階寒感漢館岸	起期客究急級宮球去橋業曲局銀	区苦具君	係軽血決研県	庫湖向幸港号根	祭皿
4年【7級】	愛案	以衣位囲胃印		英栄塩	億	加果貨課芽改械害街各覚完官管関観願	希季紀喜旗器機議求泣救給挙漁共協鏡競極	訓軍郡	径型景芸欠結建健験	固功好候航康告	差菜最材昨札刷殺察参産散残
5年【6級】	圧	移因		永営衛易益液演	応往桜恩	可仮価河過賀快解格確額刊幹慣眼	基寄規技義逆久旧居許境均禁	句群	経潔件券険検限現減	故個護効厚耕鉱構興講混	査再災妻採際在財罪雑酸賛
6年【5級】		異遺域	宇	映延沿		我灰拡革閣割株干巻看簡	危机揮貴疑吸供胸郷勤筋		系敬警劇激穴絹権憲源厳	己呼誤后孝皇紅降鋼刻穀骨困	砂座済裁策冊蚕

シ	ス	セ	ソ	タ	チ	ツ	テ	ト	ナ	ニ	ネ
子四糸字耳七 車手十出女小 上森人	水	正生青夕石赤 千川先	早草足村	大男	竹中虫町		天田	土		二日入	年
止市矢姉思紙 寺自時室社弱 首秋週春書少 場色食心新親	図数	西声星晴切雪 船線前	組走	多太体台	地池知茶昼長 鳥朝直	通	弟店点電	刀冬当東答頭 同道読	内南	肉	
仕死使始指歯 詩次事持式実 写者主守取酒 受州拾終習集 住重宿所暑助 昭消商章勝乗 植申身神真深 進		世整昔全	相送想息速族	他打対待代第 題炭短談	着注柱丁帳調	追	定庭笛鉄転	都度投豆島湯 登等動童			
士氏史司試児 治辞失借種周 祝順初松笑唱 焼象照賞臣信		成省清静席積 折節説浅戦選 然	争倉巣束側続 卒孫	帯隊達単	置仲貯兆腸		低底停的典伝	徒努灯堂働特 得毒			熱念
支志枝師資飼 示似識質舎謝 授修述術準序 招承証条状常 情織職		制性政勢精製 税責績接設舌 絶銭	祖素総造像増 則測属率損	退貸態団断	築張		提程適敵	統銅導徳独		任	燃
至私姿視詞誌 磁射捨尺若樹 収宗就衆従縦 縮熟純処署諸 除将傷障城蒸 針仁	垂推寸	盛聖誠宣専泉 洗染善	奏窓創装層操 蔵臓存尊	宅担探誕段暖	値宙忠著庁頂 潮賃	痛	展	討党糖届	難	乳認	

学年	字数	ワ	ロ	レ	ル	リ	ラ	ヨ	ユ	ヤ	モ	メ	ム	ミ	マ		ホ	ヘ		フ		ヒ		ハ	ノ
1年【10級】	学年字数 80字 累計《るいけい》字数 80字		六			立力林					目	名					木本			文		百		白八	
2年【9級】	学年字数 160字 累計字数 240字	話				里理	来	用曜	友	夜野	毛門	明鳴			毎妹万		歩母方北	米		父風分聞				馬売買麦半番	
3年【8級】	学年字数 200字 累計字数 440字	和	路	礼列練		流旅両緑	落	予羊洋葉陽様	由油有遊	役薬	問	命面		味			放	平返勉		負部服福物	表秒病品	皮悲美鼻筆氷	反坂板	波配倍箱畑発	農
4年【7級】	学年字数 200字 累計字数 640字		老労録	令冷例歴連	類	利陸良料量輪		要養浴	勇	約			無	未脈民	末満		包法望牧	兵別辺変便		不夫付府副粉		飛費必票標		敗梅博飯	
5年【6級】	学年字数 185字 累計字数 825字					略留領		余預容	輸			迷綿	務夢			暴	保墓報豊防貿	編弁	仏	布婦富武復複	貧	比肥非備俵評		破犯判版	能
6年【5級】	学年字数 181字 累計字数 1006字		朗論			裏律臨	乱卵覧	幼欲翌	郵優	訳	模	盟		密	枚幕	棒	補暮宝訪亡忘	並陛閉片		腹奮		否批秘	晩	派拝背肺俳班	納脳

級別漢字表

（小学校学年別配当漢字を除く一一三〇字）

級	ア	イ	ウ	エ	オ	カ	キ	ク	ケ	コ	サ	シ
4級	握扱	依威為偉違維緯壱芋陰隠		影鋭越援煙鉛縁	汚押奥憶	菓暇箇雅介戒皆壊較獲刈甘汗乾勧歓監環鑑含	奇祈鬼幾輝儀戯詰却脚及丘朽巨拠距御凶叫狂況狭恐響驚仰	駆屈掘繰	恵傾継迎撃肩兼剣軒圏堅遣玄	枯誇鼓互抗攻更恒荒香項稿豪込婚	鎖彩歳載剤咲惨	旨伺刺脂紫雌 シ続く
3級	哀	慰		詠悦閲炎宴	欧殴乙卸穏	佳架華嫁餓怪悔塊慨該概郭隔穫岳掛滑肝冠勘貫喚換敢緩	企岐忌軌既棋棄騎欺犠菊吉喫虐虚峡脅凝斤緊	愚偶遇	刑契啓掲携憩鶏鯨倹賢幻	孤弧雇顧娯悟孔巧甲坑拘郊控慌硬絞綱酵克獄恨紺魂墾	債催削搾錯撮擦暫	祉施諮侍慈軸 シ続く
準2級	亜	尉逸姻韻	畝浦	疫謁猿	凹翁虞	渦禍靴寡稼蚊拐懐劾涯垣核殻嚇潟括喝渇褐轄且缶陥患堪棺款閑寛憾還艦頑	飢宜偽擬糾窮拒享挟恭矯暁菌琴謹襟吟	隅勲薫	茎渓蛍慶傑嫌献謙繭顕懸弦	呉碁江肯侯洪貢溝衡購拷剛酷昆懇	佐唆詐砕宰栽斎崎索酢桟傘	肢嗣賜滋璽漆 シ続く
2級	挨曖宛嵐	畏萎椅彙茨咽淫	唄鬱	怨媛艶	旺岡臆俺	苛牙瓦楷潰諧崖蓋骸柿顎葛釜鎌韓玩	伎亀毀畿臼嗅巾僅錦	惧串窟熊	詣憬稽隙桁拳鍵舷	股虎錮勾梗喉乞傲駒頃痕	沙挫采塞埼柵刹拶斬	恣摯餌鹿叱嫉 シ続く

	シ 続き	ス	セ	ソ	タ	チ	ツ	テ	ト	ナ	ニ	ネ	ノ
4級	執芝斜煮釈寂朱狩趣需舟秀襲柔獣瞬旬巡盾召床沼称紹詳丈畳殖飾触侵振浸寝慎震薪尽陣尋	吹	是井姓征跡占扇鮮	訴僧燥騒贈即俗	耐替沢拓濁脱丹淡嘆端弾	恥致遅蓄沖跳徴澄沈珍		抵堤摘滴添殿	吐途渡奴怒到逃倒唐桃透盗塔稲踏闘胴峠突鈍曇		弐		悩濃
3級	疾湿赦邪殊寿潤遵如徐匠昇掌晶焦衝鐘冗嬢錠譲嘱辱伸辛審	炊粋衰酔遂穂随髄	瀬牲婿請斥隻惜籍摂潜繕	阻措粗礎双桑掃葬遭憎促賊	怠胎袋逮滞滝択卓託諾奪胆鍛壇	稚畜窒抽鋳駐彫超聴陳鎮	墜	帝訂締哲	斗塗凍陶痘匿篤豚		尿	粘	
準2級	遮蛇酌爵珠儒囚臭愁酬醜汁充渋銃叔淑粛塾俊准殉循庶緒叙升抄肖尚宵症祥渉訟硝粧詔奨彰償礁浄剰縄壌醸津唇娠紳診刃迅甚	帥睡枢崇据杉	斉逝誓析拙窃仙栓旋践遷薦繊禅漸	租疎塑壮荘捜挿曹喪槽霜藻	妥堕惰駄泰濯但棚	痴逐秩嫡衷弔挑眺釣懲勅朕	塚漬坪	呈廷邸亭貞逓偵艇泥迭徹撤	悼搭棟筒謄騰洞督凸屯	軟	尼妊忍	寧	
2級	腫呪袖羞蹴憧拭尻芯腎	須裾	凄醒脊戚煎羨腺詮箋膳	狙遡曽爽痩踪捉遜	汰唾堆戴誰旦綻	緻酎貼嘲捗	椎爪鶴	諦溺塡	妬賭藤瞳栃頓貪丼	那奈梨謎鍋	匂虹	捻	

	ハ		ヒ		フ		ヘ	ホ			マ	ミ	ム	メ	モ	ヤ	ユ	ヨ	ラ	リ		ル	レ	ロ	ワ
計316字 5級まで 1006字 累計《るいけい》 1322字	杯輩拍泊迫薄爆髪	抜罰般販搬範繁盤	彼疲被避尾微匹描	浜敏	怖浮普腐敷膚賦舞	幅払噴	柄壁	捕舗抱峰砲忙坊肪	冒傍帽凡盆		慢漫	妙眠	矛霧娘		茂猛網黙紋	躍	雄	与誉溶腰踊謡翼	雷頼絡欄	離粒慮療隣		涙	隷齢麗暦劣烈恋	露郎	惑腕
計285字 4級まで 1322字 累計 1607字	婆排陪縛伐帆伴畔	藩蛮	卑碑泌姫漂苗		赴符封伏覆紛墳		癖	募慕簿芳邦奉胞倣	崩飽縫乏妨房某膨	謀墨没翻	魔埋膜又	魅		滅免			幽誘憂	揚揺擁抑	裸濫	吏隆了猟陵糧厘			励零霊裂廉錬	炉浪廊楼漏	湾
計333字 3級まで 1607字 累計 1940字	把覇廃培媒賠伯舶	漠肌鉢閥煩頒	妃披扉罷猫賓頻瓶		扶附譜侮沸雰憤		丙併塀幣弊偏遍	泡俸褒剖紡朴僕撲	堀奔		麻摩磨抹	岬		銘	妄盲耗	厄	愉諭癒唯悠猶裕融	庸窯	羅酪	痢履柳竜硫虜涼僚	寮倫	累塁	戻鈴		賄枠
計196字 準2級まで 1940字 累計 2136字	罵剝箸氾汎阪斑		眉膝肘		阜訃		蔽餅璧蔑	哺蜂貌頰睦勃			昧枕	蜜		冥麺		冶弥闇	喩湧	妖瘍沃	拉辣藍	璃慄侶瞭		瑠		呂賂弄籠麓	脇

部首一覧表

表の上には部首を画数順に配列し、下には漢字の中で占める位置によって形が変化するものや特別な名称を持つものを示す。

偏《へん》…

旁《つくり》…

冠《かんむり》…

脚《あし》…

垂《たれ》…

繞《にょう》…

構《かまえ》…

番号	部首	字形	位置	名称
一画				
1	【一】	一		いち
2	【丨】	丨		ぼう たてぼう
3	【丶】	丶		てん
4	【丿】	丿		の はらいぼう
5	【乙】	乙		おつ
		乚		おつ
6	【亅】	亅		はねぼう
二画				
7	【二】	二		に
8	【亠】	亠		なべぶた けいさんかんむり
9	【人】	人		ひと
		亻		にんべん
9	【人】	𠆢		ひとやね
10	【入】	入		いる
11	【儿】	儿		ひとあし にんにょう
12	【八】	八		はち
		八		は
13	【冂】	冂		どうがまえ けいがまえ まきがまえ
14	【冖】	冖		わかんむり
15	【冫】	冫		にすい
16	【几】	几		つくえ
17	【凵】	凵		うけばこ
18	【刀】	刀		かたな
		刂		りっとう
19	【力】	力		ちから
20	【勹】	勹		つつみがまえ
21	【匕】	匕		ひ
22	【匚】	匚		はこがまえ
23	【匸】	匸		かくしがまえ
24	【十】	十		じゅう
25	【卜】	卜		と うらない
26	【卩】	卩		わりふ ふしづくり
		㔾		わりふ ふしづくり
27	【厂】	厂		がんだれ
28	【厶】	厶		む
29	【又】	又		また
三画				
30	【口】	口		くち
		口		くちへん
31	【囗】	囗		くにがまえ
32	【土】	土		つち
		土		つちへん
33	【士】	士		さむらい
34	【夂】	夂		すいにょう ふゆがしら
35	【夕】	夕		た ゆうべ
36	【大】	大		だい
37	【女】	女		おんな
		女		おんなへん
38	【子】	子		こ
		子		こへん
39	【宀】	宀		うかんむり
40	【寸】	寸		すん
41	【小】	小		しょう
		⺌		しょう

番号	部首	字形	名前
42	【尢】	尢	だいのまげあし
43	【尸】	尸	かばね しかばね
44	【屮】	屮	てつ
45	【山】	山	やま
		山	やまへん
46	【川】	川	かわ
		巛	かわ
47	【工】	工	え たくみ
		工	たくみへん
48	【己】	己	おのれ
49	【巾】	巾	はば
		巾	はばへん きんべん
50	【干】	干	かん いちじゅう
51	【幺】	幺	よう いとがしら
52	【广】	广	まだれ
53	【廴】	廴	えんにょう
54	【廾】	廾	こまぬき にじゅうあし
55	【弋】	弋	しきがまえ
56	【弓】	弓	ゆみ
		弓	ゆみへん
57	【彐】	彑	けいがしら
58	【彡】	彡	さんづくり
59	【彳】	彳	ぎょうにんべん
60	【⺍】	⺍	つかんむり

四画

忄↓心　扌↓手
氵↓水　犭↓犬
艹↓艸　辶↓辵
阝(右)↓邑　阝(左)↓阜

番号	部首	字形	名前
61	【心】	心	こころ
		忄	りっしんべん
		⺗	したごころ
62	【戈】	戈	ほこづくり ほこがまえ
63	【戸】	戸	と
		戸	とだれ とかんむり
64	【手】	手	て
		扌	てへん
65	【支】	支	し
66	【攴】	攵	のぶん ぼくづくり
67	【文】	文	ぶん
68	【斗】	斗	とます
69	【斤】	斤	きん
		斤	おのづくり
70	【方】	方	ほう
		方	ほうへん かたへん
71	【日】	日	ひ
		日	ひへん
72	【曰】	曰	ひらび いわく
73	【月】	月	つき
		月	つきへん
74	【木】	木	き
		木	きへん
75	【欠】	欠	あくび かける
76	【止】	止	とめる
77	【歹】	歹	かばねへん いちたへん がつへん
78	【殳】	殳	るまた ほこづくり
79	【毋】	毋	なかれ
80	【比】	比	ならびひ くらべる
81	【毛】	毛	け
82	【氏】	氏	うじ
83	【气】	气	きがまえ
84	【水】	水	みず

84	【水】	氵	さんずい
		氺	したみず
85	【火】	火	ひ
		火	ひへん
		灬	れんが れっか
86	【爪】	爪	つめ
		爫	つめかんむり つめがしら
87	【父】	父	ちち
88	【片】	片	かた
		片	かたへん
89	【牙】	牙	きば
90	【牛】	牛	うし
		牛	うしへん
91	【犬】	犬	いぬ
		犭	けものへん

王・王→玉　礻→示
耂→老　辶→辵

五画

92	【玄】	玄	げん
93	【玉】	玉	たま
		王	おう
		王	おうへん たまへん
94	【瓦】	瓦	かわら
95	【甘】	甘	かん あまい
96	【生】	生	うまれる
97	【用】	用	もちいる
98	【田】	田	た
		田	たへん
99	【疋】	疋	ひき
		𤴔	ひきへん
100	【疒】	疒	やまいだれ
101	【癶】	癶	はつがしら
102	【白】	白	しろ
103	【皮】	皮	けがわ
104	【皿】	皿	さら
105	【目】	目	め
		目	めへん
106	【矛】	矛	ほこ
107	【矢】	矢	や
		矢	やへん
108	【旡】	旡	なし ぶ すでのつくり
109	【石】	石	いし
		石	いしへん
110	【示】	示	しめす
		礻	しめすへん
111	【禾】	禾	のぎ
111	【禾】	禾	のぎへん
112	【穴】	穴	あな
		穴	あなかんむり
113	【立】	立	たつ
		立	たつへん

氺→水
衤→衣
罒→网

六画

114	【竹】	竹	たけ
		⺮	たけかんむり
115	【米】	米	こめ
		米	こめへん
116	【糸】	糸	いと
		糸	いとへん
117	【缶】	缶	ほとぎ
118	【网】	罒	あみがしら あみめ よこめ

119	【羊】	羊	ひつじ
120	【羽】	羽	はね
121	【老】	耂	おいかんむり おいがしら
122	【而】	而	しかして しこうして
123	【耒】	耒	すきへん らいすき
124	【耳】	耳	みみ
		耳	みみへん
125	【聿】	聿	ふでづくり
126	【肉】	肉	にく
		月	にくづき
127	【自】	自	みずから
128	【至】	至	いたる
129	【臼】	臼	うす
130	【舌】	舌	した
131	【舟】	舟	ふね
		舟	ふねへん
132	【艮】	艮	ねづくり こんづくり
133	【色】	色	いろ
134	【艸】	艹	くさかんむり
135	【虍】	虍	とらがしら とらかんむり
136	【虫】	虫	むし
		虫	むしへん
137	【血】	血	ち
138	【行】	行	ぎょう
		行	ぎょうがまえ ゆきがまえ
139	【衣】	衣	ころも
		衤	ころもへん
140	【襾】	西	にし
		覀	おおいかんむり

七画

141	【見】	見	みる
142	【臣】	臣	しん
143	【角】	角	かく つの
		角	つのへん
144	【言】	言	げん
		言	ごんべん
145	【谷】	谷	たに
146	【豆】	豆	まめ
147	【豕】	豕	ぶた いのこ
148	【豸】	豸	むじなへん
149	【貝】	貝	かい こがい
		貝	かいへん
150	【赤】	赤	あか
151	【走】	走	はしる
		走	そうにょう
152	【足】	足	あし
		𧾷	あしへん
153	【身】	身	み
154	【車】	車	くるま
		車	くるまへん
155	【辛】	辛	からい
156	【辰】	辰	しんのたつ
157	【辵】	辶	しんにょう しんにゅう
		辶	しんにょう しんにゅう
158	【邑】	阝	おおざと
159	【酉】	酉	ひよみのとり
		酉	とりへん
160	【釆】	釆	のごめ
		釆	のごめへん
161	【里】	里	さと

※注「辶」については「遡・遜」のみに適用。

番号	部首	形	名称
161	【里】	里	さとへん
162	【舛】	舛	まいあし
163	【麦】	麦	むぎ
		麦	ばくにょう
八画			
164	【金】	金	かね
		金	かねへん
165	【長】	長	ながい
166	【門】	門	もん
		門	もんがまえ
167	【阜】	阜	おか
		阝	こざとへん
168	【隶】	隶	れいづくり
169	【隹】	隹	ふるとり
170	【雨】	雨	あめ
170	【雨】	⻗	あめかんむり
171	【青】	青	あお
172	【非】	非	あらず ひ
173	【斉】	斉	せい
九画			
174	【面】	面	めん
175	【革】	革	かくのかわ つくりがわ
		革	かわへん
176	【音】	音	おと
177	【頁】	頁	おおがい
178	【風】	風	かぜ
179	【飛】	飛	とぶ
180	【食】	食	しょく
		𩙿	しょくへん
		飠	しょくへん
181	【首】	首	くび
182	【香】	香	か かおり
十画			
183	【馬】	馬	うま
		馬	うまへん
184	【骨】	骨	ほね
		骨	ほねへん
185	【高】	高	たかい
186	【髟】	髟	かみがしら
187	【鬯】	鬯	ちょう
188	【鬼】	鬼	おに
		鬼	きにょう
189	【韋】	韋	なめしがわ
190	【竜】	竜	りゅう
十一画			
191	【魚】	魚	うお
		魚	うおへん
192	【鳥】	鳥	とり
193	【鹿】	鹿	しか
194	【麻】	麻	あさ
195	【黄】	黄	き
196	【黒】	黒	くろ
197	【亀】	亀	かめ
十二画			
198	【歯】	歯	は
		歯	はへん
十三画			
199	【鼓】	鼓	つづみ
十四画			
200	【鼻】	鼻	はな

※注「飠」については「餌・餅」のみに適用。

中学校で学習する音訓一覧表

＊学習漢字のうち、中学校で習う読み方を学年・字音の五十音順に一覧表にした。

小学校1年

音	イン
下	もと
字	あざ
耳	ジ
手	た
出	スイ
女	ニョ め
上	のぼ(せる) のぼ(す)
生	お(う) き
夕	セキ
石	コク
川	セン
早	サッ
文	ふみ
目	ボク

小学校2年

羽	ウ
園	その
何	カ
夏	ゲ
外	ゲ
弓	キュウ
京	ケイ
強	ゴウ し(いる)
兄	ケイ
後	おく(れる)
公	おおやけ
交	か(う) か(わす)
黄	コウ こ
谷	コク
今	キン
姉	シ
室	むろ
新	にい
図	はか(る)
声	こわ
星	ショウ
切	サイ
体	テイ
茶	サ
弟	テイ デ
頭	かしら
内	ダイ
麦	バク
歩	ブ
妹	マイ
万	バン
門	かど
来	きた(る) きた(す)

小学校3年

化	ケ
荷	カ
客	カク
究	きわ(める)
宮	グウ
業	わざ
軽	かろ(やか)
研	と(ぐ)
幸	さち
次	シ
守	も(り)
州	す
拾	シュウ ジュウ
集	つど(う)
重	え
助	すけ
商	あきな(う)
勝	まさ(る)
申	シン
神	かん
昔	シャク
相	ショウ
速	すみ(やか)
対	ツイ
代	しろ
丁	テイ
調	ととの(う) ととの(える)
度	タク たび
童	わらべ
発	ホツ
反	タン
鼻	ビ
病	や(む)
命	ミョウ
面	おも おもて
役	エキ
有	ウ
和	やわ(らぐ) やわ(らげる) なご(む) なご(やか)

小学校4年

衣	ころも
街	カイ
器	うつわ
機	はた
泣	キュウ
競	きそ(う)
極	ゴク きわ(める) きわ(まる) きわ(み)
結	ゆ(う) ゆ(わえる)
健	すこ(やか)
氏	うじ
試	ため(す)
児	ニ
辞	や(める)
初	そ(める)
笑	ショウ え(む)
焼	ショウ
省	かえり(みる)
静	ジョウ
浅	セン
戦	いくさ
仲	チュウ
得	う(る)
費	つい(やす) つい(える)
夫	フウ
望	モウ
牧	まき
民	たみ
要	い(る)

小学校5年

仮	ケ
眼	まなこ
基	もと
技	わざ
境	ケイ
経	キョウ
故	ゆえ
厚	コウ
災	わざわ(い)
財	サイ
示	シ
似	ジ
質	シチ
謝	あやま(る)
授	さず(ける) さず(かる)
修	シュ
承	うけたまわ(る)
性	ショウ
精	ショウ
舌	ゼツ
銭	ぜに
素	ス
率	ソツ
損	そこ(なう) そこ(ねる)
貸	タイ
断	た(つ)
提	さ(げる)
程	ほど
敵	かたき
犯	おか(す)
貧	ヒン
報	むく(いる)
暴	バク
迷	メイ

小学校6年

遺	ユイ
映	は(える)
我	ガ わ
灰	カイ
革	かわ
割	カツ さ(く)
干	ひ(る)
危	あや(うい) あや(ぶむ)
机	キ
貴	たっと(い) とうと(い) たっと(ぶ) とうと(ぶ)
胸	むな
郷	ゴウ
穴	ケツ
厳	おごそ(か)
己	キ おのれ
紅	ク くれない
鋼	はがね
砂	シャ
座	すわ(る)
裁	た(つ)
若	ジャク
宗	ソウ
就	つ(く) つ(ける)
熟	う(れる)
除	ジ
傷	いた(む) いた(める)
蒸	む(す) む(れる) む(らす)
仁	ニ
推	お(す)
盛	セイ さか(る) さか(ん)
誠	まこと
専	もっぱ(ら)
染	セン
装	ショウ
操	あやつ(る)
蔵	くら
探	さぐ(る)
値	あたい
著	あらわ(す) いちじる(しい)
討	う(つ)
乳	ち
認	ニン
納	ナッ トウ
背	そむ(く) そむ(ける)
秘	ひ(める)
並	ヘイ
閉	と(ざす)
片	ヘン
暮	ボ
訪	おとず(れる)
忘	ボウ
優	やさ(しい) すぐ(れる)
欲	ほ(しい)
卵	ラン
裏	リ
臨	のぞ(む)
朗	ほが(らか)

高等学校で学習する音訓一覧表 1

＊学習漢字のうち、高等学校で習う読み方を学年・字音の五十音順に一覧表にした。

小学校1年	
火	ほ
女	ニョウ
上	ショウ
青	ショウ
赤	シャク
天	あめ
白	ビャク
目	ま
立	リュウ
小学校2年	
遠	オン
回	エ
会	エ
行	アン
矢	シ
食	ジキ　く(らう)
数	ス
声	ショウ
通	ツ
頭	ト
道	トウ
南	ナ
馬	ま
風	フ
聞	モン
歩	フ
小学校3年	
悪	オ
期	ゴ
宮	ク
業	ゴウ
庫	ク
仕	ジ
事	ズ
主	ス
神	こう
昔	セキ
想	ソ
着	ジャク
定	さだ(か)
度	ト
反	ホン
坂	ハン
氷	ひ
病	ヘイ
面	つら
由	ユイ　よし
遊	ユ
流	ル
緑	ロク
礼	ライ
和	オ
小学校4年	
栄	は(え)　は(える)
各	おのおの
競	せ(る)
建	コン
験	ゲン
功	ク
候	そうろう
殺	サイ　セツ
産	うぶ
祝	シュウ
初	うい
成	ジョウ
清	ショウ
節	セチ
説	ゼイ
巣	ソウ
兆	きざ(す)　きざ(し)
灯	ひ
博	バク
兵	ヒョウ
法	ハッ　ホッ
末	バツ
利	き(く)
老	ふ(ける)
小学校5年	
因	よ(る)
益	ヤク
桜	オウ
価	あたい
過	あやま(つ)　あやま(ち)
解	ゲ
格	コウ
眼	ゲン
基	もとい
久	ク
潔	いさぎよ(い)
興	おこ(る)　おこ(す)
際	きわ
酸	す(い)
枝	シ
質	チ
常	とこ
情	セイ
織	ショク
政	ショウ　まつりごと
接	つ(ぐ)
団	トン
統	す(べる)
富	フウ
暴	あば(く)
小学校6年	
供	ク
勤	ゴン
絹	ケン
権	ゴン
厳	ゴン
冊	サク
若	ニャク　も(しくは)
就	ジュ
衆	シュ
従	ショウ　ジュ
障	さわ(る)
盛	ジョウ
染	し(みる)　し(み)
奏	かな(でる)
装	よそお(う)
操	みさお
担	かつ(ぐ)　にな(う)
難	かた(い)
納	ナ　ナン
否	いな
亡	モウ　な(い)
欲	ほっ(する)
律	リチ

■高等学校で学習する音訓一覧表 2

＊「4級」「3級」配当漢字のうち、高等学校で習う読み方を字音の五十音順に一覧表にした。

4級

依	エ
汚	けが(す) けが(れる) けが(らわしい)
押	オウ
奥	オウ
鑑	かんが(みる)
戯	たわむ(れる)
詰	キツ
脚	キャ
狭	キョウ
仰	おお(せ)
肩	ケン
鼓	つづみ
更	ふ(ける) ふ(かす)
香	キョウ
彩	いろど(る)
惨	ザン みじ(め)
旨	むね
伺	シ
煮	シャ
寂	セキ
秀	ひい(でる)
瞬	またた(く)
沼	ショウ
井	セイ
端	は
沖	チュウ
澄	チョウ
滴	したた(る)
敷	フ
払	フツ
柄	ヘイ
傍	かたわ(ら)
凡	ハン
腰	ヨウ
謡	うたい うた(う)
絡	から(む) から(まる) から(める)
麗	うるわ(しい)

3級

詠	よ(む)
殴	オウ
華	ケ
嫁	カ
忌	い(む) い(まわしい)
虐	しいた(げる)
虚	コ
脅	おびや(かす)
契	ちぎ(る)
憩	いこ(う)
控	コウ
慌	コウ
絞	コウ
搾	サク
施	セ
慈	いつく(しむ)
如	ニョ
焦	あせ(る)
辱	はずかし(める)
穂	スイ
婿	セイ
請	シン こ(う)
阻	はば(む)
礎	いしずえ
桑	ソウ
葬	ほうむ(る)
袋	タイ
壇	タン
鎮	しず(める) しず(まる)
卑	いや(しい) いや(しむ) いや(しめる)
泌	ヒ
苗	ビョウ
覆	くつがえ(す) くつがえ(る)
芳	かんば(しい)
奉	たてまつ(る)
倣	なら(う)
謀	ム はか(る)
翻	ひるがえ(る) ひるがえ(す)
免	まぬか(れる)
憂	う(い)
陵	みささぎ
糧	ロウ かて
霊	リョウ たま

二とおりの読み／注意すべき読み

↓のようにも読める。

「常用漢字表」（平成22年）本表備考欄による

二とおりの読み

語	読み	↓
遺言	ユイゴン	イゴン
奥義	オウギ	おくギ
堪能	カンノウ	タンノウ
吉日	キチジツ	キツジツ
兄弟	キョウダイ	ケイテイ
甲板	カンパン	コウハン
合点	ガッテン	ガテン
昆布	コンブ	コブ
紺屋	コンや	コウや
詩歌	シカ	シイカ
七日	なのか	なぬか
老若	ロウニャク	ロウジャク
寂然	セキゼン	ジャクネン
法主	ホッス	ホウシュ ホッシュ
十	ジッ	ジュッ
情緒	ジョウチョ	ジョウショ
憧憬	ショウケイ	ドウケイ
人数	ニンズ	ニンズウ
寄贈	キソウ	キゾウ
側	がわ	かわ
唾	つば	つばき
愛着	アイジャク	アイチャク
執着	シュウジャク	シュウチャク
貼付	チョウフ	テンプ
難しい	むずかしい	むつかしい
分泌	ブンピツ	ブンピ
富貴	フウキ	フッキ
文字	モンジ	モジ
大望	タイモウ	タイボウ
頬	ほお	ほほ
末子	バッシ	マッシ
末弟	バッテイ	マッテイ
免れる	まぬかれる	まぬがれる
妄言	ボウゲン	モウゲン
面目	メンボク	メンモク
問屋	とんや	といや
礼拝	ライハイ	レイハイ

注意すべき読み

語	読み
三位一体	サンミイッタイ
従三位	ジュサンミ
一羽	イチわ
三羽	サンば
六羽	ロッぱ
春雨	はるさめ
小雨	こさめ
霧雨	きりさめ
因縁	インネン
親王	シンノウ
勤王	キンノウ
反応	ハンノウ
順応	ジュンノウ
観音	カンノン
安穏	アンノン
天皇	テンノウ
身上	シンショウ シンジョウ （読み方により意味が違う）
一把	イチワ
三把	サンバ
十把	ジッ（ジュッ）パ

常用漢字表 付表（熟字訓・当て字　一一六語）

＊小・中・高：小学校・中学校・高等学校のどの時点で学習するかの割り振りを示した。

※以下に挙げられている語を構成要素の一部とする熟語に用いてもかまわない。

例「河岸（かし）」→「魚河岸（うおがし）」／「居士（こじ）」→「一言居士（いちげんこじ）」

語	読み	小	中	高
明日	あす	●		
小豆	あずき		●	
海女 海士	あま			●
硫黄	いおう		●	
意気地	いくじ		●	
田舎	いなか		●	
息吹	いぶき			●
海原	うなばら		●	
乳母	うば		●	
浮気	うわき			●
浮つく	うわつく		●	
笑顔	えがお		●	
叔父 伯父	おじ		●	
大人	おとな	●		
乙女	おとめ		●	
叔母 伯母	おば		●	
お巡りさん	おまわりさん		●	
お神酒	おみき			●
母屋 母家	おもや			●
母さん	かあさん	●		
神楽	かぐら			●
河岸	かし			●
鍛冶	かじ		●	
風邪	かぜ		●	
固唾	かたず		●	
仮名	かな		●	
蚊帳	かや			●
為替	かわせ		●	
河原 川原	かわら	●		
昨日	きのう	●		
今日	きょう	●		
果物	くだもの	●		
玄人	くろうと			●
今朝	けさ	●		
景色	けしき	●		
心地	ここち		●	
居士	こじ			●
今年	ことし	●		
早乙女	さおとめ		●	
雑魚	ざこ			●
桟敷	さじき			●
差し支える	さしつかえる		●	
五月	さつき		●	
早苗	さなえ		●	
五月雨	さみだれ		●	
時雨	しぐれ		●	
尻尾	しっぽ		●	

竹刀	しない		●	
老舗	しにせ		●	
芝生	しばふ		●	
清水	しみず	●		
三味線	しゃみせん		●	
砂利	じゃり		●	
数珠	じゅず			●
上手	じょうず	●		
白髪	しらが		●	
素人	しろうと			●
師走	しわす（しはす）			●
数寄屋 数奇屋	すきや			●
相撲	すもう		●	
草履	ぞうり		●	
山車	だし			●
太刀	たち		●	
立ち退く	たちのく		●	
七夕	たなばた	●		
足袋	たび		●	
稚児	ちご			●
一日	ついたち	●		
築山	つきやま			●
梅雨	つゆ		●	
凸凹	でこぼこ		●	
手伝う	てつだう	●		
伝馬船	てんません			●
投網	とあみ			●
父さん	とうさん	●		
十重二十重	とえはたえ			●
読経	どきょう			●
時計	とけい	●		
友達	ともだち	●		
仲人	なこうど			●
名残	なごり		●	
雪崩	なだれ		●	
兄さん	にいさん	●		
姉さん	ねえさん	●		
野良	のら			●
祝詞	のりと			●
博士	はかせ	●		
二十 二十歳	はたち		●	
二十日	はつか	●		
波止場	はとば		●	
一人	ひとり	●		
日和	ひより		●	
二人	ふたり	●		
二日	ふつか	●		
吹雪	ふぶき		●	
下手	へた	●		
部屋	へや	●		
迷子	まいご	●		
真面目	まじめ	●		
真っ赤	まっか	●		
真っ青	まっさお	●		
土産	みやげ		●	
息子	むすこ		●	
眼鏡	めがね	●		
猛者	もさ			●
紅葉	もみじ		●	
木綿	もめん		●	
最寄り	もより		●	
八百長	やおちょう			●
八百屋	やおや	●		
大和	やまと		●	
弥生	やよい		●	
浴衣	ゆかた			●
行方	ゆくえ		●	
寄席	よせ			●
若人	わこうど		●	

■編集協力―株式会社エイティエイト

■制作協力―株式会社８０３・株式会社昭英社・
株式会社渋谷文泉閣・株式会社イシワタグラフィックス・
株式会社暁和・株式会社瀬口デザイン事務所・
有限会社アートボックス・福井　愛

■写真―オアシス

漢検　3級　漢字学習ステップ　改訂三版

2012年2月20日　第1版第1刷　発行
編　者　財団法人 日本漢字能力検定協会
発行者　西田　延弘
印刷所　大日本印刷株式会社

発行所　財団法人 日本漢字能力検定協会

〒600-8585　京都市下京区烏丸通松原下る五条烏丸町 398
☎ 075(352)8300　FAX075(352)8310
ホームページ http://www.kanken.or.jp/

Printed in Japan
ISBN978-4-89096-218-1 C0081